2023 年四川省软科学项目

四川区域创新发展指数研究（2023）

—创新驱动新质生产力发展—

成都市科学技术信息研究所　编著

科学技术文献出版社
SCIENTIFIC AND TECHNICAL DOCUMENTATION PRESS
·北京·

图书在版编目（CIP）数据

四川区域创新发展指数研究. 2023：创新驱动新质生产力发展 / 成都市科学技术信息研究所编著. -- 北京：科学技术文献出版社, 2024. 7. -- ISBN 978-7-5235-1657-7

Ⅰ. F127.71

中国国家版本馆CIP数据核字第2024BW5187号

四川区域创新发展指数研究（2023）：创新驱动新质生产力发展

策划编辑：张　闫　责任编辑：孙江莉　责任校对：张　微　责任出版：张志平

出　版　者	科学技术文献出版社
地　　　址	北京市复兴路15号　　邮编　100038
出　版　部	（010）58882952，58882087（传真）
发　行　部	（010）58882868，58882870（传真）
官　方网址	www.stdp.com.cn
发　行　者	科学技术文献出版社发行　全国各地新华书店经销
印　刷　者	北京时尚印佳彩色印刷有限公司
版　　　次	2024 年 7 月第 1 版　2024 年 7 月第 1 次印刷
开　　　本	710×1000　1/16
字　　　数	69千
印　　　张	7.25
书　　　号	ISBN 978-7-5235-1657-7
定　　　价	49.00元

本书编写组成员

陈本燕　王朝虹　杨　君

宋　萍　范耘郡　王　舟

肖柯岑　周　涛　李　娟

前　言

党的十八大以来，习近平总书记关于区域科技创新作出系列重要论述，为推动新时代区域科技创新提供了根本遵循和行动指南。他强调"要深入实施创新驱动发展战略，加强区域创新体系建设，进一步提升自主创新能力，努力在突破关键核心技术难题上取得更大进展""尊重科技创新的区域集聚规律，因地制宜探索差异化的创新发展路径，加快打造具有全球影响力的科技创新中心，建设若干具有强大带动力的创新型城市和区域创新中心"。

近年来，四川省各市州深入实施创新驱动发展战略，全力以赴拼经济搞建设，坚定不移以科技创新推动新质生产力培育发展，因地制宜探索出各具特色的区域创新发展路径。为做好四川区域创新发展足迹记录，更好服务各级政府政策制定及工作开展，成都市科学技术信息研究所自 2018 年起即按年度开展四川区域创新发展指数研究。其中，《四川创新指数（2018）》和《四川创新指数（2019）》分别在 2018 年和 2020 年的四川广播电视台"创新者之夜"上发布；《四川创新指数（2020）》获第十一届成都市统计科研优秀成果奖；本书所依托项目获四川省科技厅 2023 年软科学立项支持。限于数据可获得性，全书区域创新发展指数采用 2021 年的科技创新指标数据测算。

本书分为三部分：第一部分为全省情况，包括指标体系构建及测算方法；全省创新发展总体评价以及五大经济区创新发展态势。第二部分为市州情况，包括 21 个市州的创新发展画像以及 9 个市州创新发展典型经验凝练。第三部分为主要结论，深入分析全省区域创新发展成效与不足，并从多个维度提出对策措施以供参考。

科技创新具有系统性、长期性、全局性等特点，区域创新发展指数研究亦是一项需要动态跟踪、与时俱进并深度研究的课题。我们将持续改进研究方式，优化指标体系，拓展研究广度和深度，致力于为全省创新发展提供更有价值的信息参考。由于水平所限，本书仍有诸多不足和待完善之处，敬请批评指正。

编写组

2024 年 5 月

目　录

第一部分
全省情况

区域创新是国家创新体系的基础，是深入实施国家发展战略的支撑。近年来，全省各地深入贯彻落实党的二十大精神和习近平总书记对四川工作系列重要指示精神，认真实施省委"四化同步、城乡融合、五区共兴"发展战略，全力以赴拼经济搞建设，坚定不移以科技创新推动新质生产力培育发展，因地制宜探索出各具特色的区域创新发展路径。自2018年起，本课题组即基于科技统计数据，按年度开展四川区域创新发展指数研究，着力做好四川区域创新发展足迹记录，更好服务各级政府区域创新政策制定及创新工作开展。

第一章

指标体系及测算方法

一、指标体系

本报告围绕创新环境、创新投入和创新产出等维度，按照规范清晰、数据可得、指标可比、兼顾规模与效益等原则，构建形成"四川区域创新发展指标体系"（表1-1）。其中，一级指数为创新发展指数，下设创新环境指数、创新投入指数和创新产出指数3个二级指数，每项二级指数下分别有4项具体指标。

表1-1　四川区域创新发展指标体系

一级指数	二级指数	具体指标		单位	权重
创新发展指数	创新环境指数 A_1	B_1	人均GDP	元	8%
		B_2	省部级及以上创新平台数量	个	8%
		B_3	省级及以上高新区（经开区）数量	个	8%
		B_4	有效高新技术企业数量	家	9%

续表

一级指数	二级指数	具体指标	单位	权重
创新发展指数	创新投入指数 A₂	B₅ 全社会 R&D 经费支出	亿元	8%
		B₆ 全社会 R&D 经费支出占 GDP 比重	%	9%
		B₇ R&D 人员折合全时当量	人年	8%
		B₈ 万人研究人员数	人/万人	9%
	创新产出指数 A₃	B₉ 规上工业高新技术产业营业收入占比	%	9%
		B₁₀ 万人有效发明专利拥有量	件/万人	8%
		B₁₁ 万人技术合同成交额	元/万人	8%
		B₁₂ 省级及以上科学技术奖项系数	项当量/万人	8%

二、测算方法

通过离差标准化法将全省 21 个市州 2021 年[①]的科技创新统计监测数据去除量纲，通过加权综合测算得出各市州创新发展各级各项指数。其中，一级指数为创新发展指数，二级指数有创新环境指数、创新投入指数和创新产出指数。

离差标准化法去除量纲，计算方法为：

$$d_{ij} = \frac{X_{ij} - \text{Min}(X_{ij})}{\text{Max}(X_{ij}) - \text{Min}(X_{ij})} \times 100 。 \qquad (1-1)$$

---

① 2021 年数据为截稿时能全面获取的最新数据。

其中：X_{ij} 为第 i 个二级指数下的第 j 个具体指标的有量纲数据，d_{ij} 为具体指标无量纲指数，其取值范围为 0 ~ 100。

然后通过加权综合分别得到区域创新发展二级指数和一级指数（式 1-2，式 1-3），W_{ij} 为具体指标占二级指数对应权重，d_i 为二级指数；W_i 为二级指数占一级指数对应权重，d 为一级指数。

$$d_i = \sum_{i=1}^{n} W_{ij} \times d_{ij}, \qquad (1-2)$$

$$d = \sum_{i=1}^{n} W_i \times d_i。 \qquad (1-3)$$

数据来源于国家、省市公开发布的统计年鉴和统计资料。

三、测算结果说明

一是本报告采用的离差标准化法可将各城市发展情况放在一个参考系中统一衡量，但城市间的发展不均衡现象将导致城市间创新发展指数差距较大。该方法也多被中国科学技术信息研究所、北京市科学技术研究院在城市创新能力评价中具体运用。

二是本报告基于 2021 年科技创新指标数据测算区域创新发展指数，部分城市如宜宾近年来创新能力提升较快，近期创新发展情况可能未予以及时体现。

第二章
总体评价

　　全省各市州创新发展指数均值为 19.96。均值之上有 6 个市州，均值之下有 15 个市州。依据创新发展指数，21 个市州可划分为 4 个梯队。第一梯队为指数高于 50 的，仅有成都；第二梯队为 30 ~ 50 的，仅有绵阳；第三梯队为 15 ~ 30 的，有攀枝花、德阳、自贡、雅安、宜宾等 9 个市州；第四梯队为低于 15 的，包括遂宁、南充、凉山等 10 个市州（图 2-1）。

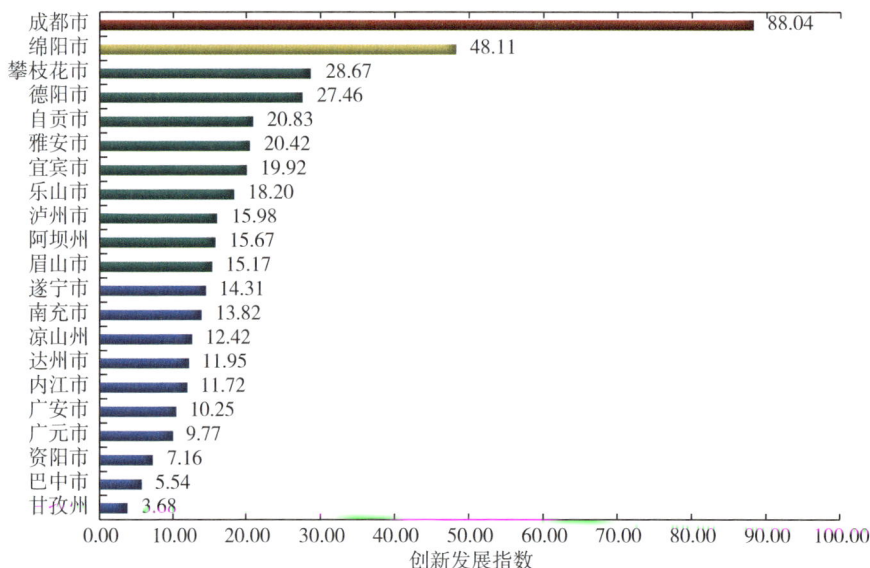

图 2-1　2021 年全省各市州区域创新发展指数

一、创新环境指数

21 个市州的创新环境指数均值为 22.42。成都、宜宾、绵阳、攀枝花、德阳、乐山、泸州 7 市创新环境指数值高于均值，自贡、眉山等 14 个市州低于均值（图 2-2）。

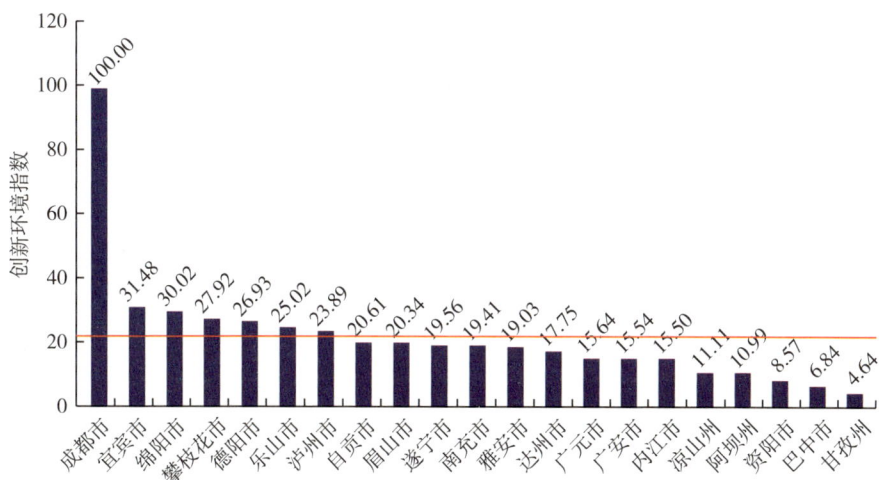

图 2-2　2021 年市州创新环境指数

从具体指标来看，创新环境下 4 项指标中 3 项指标的市州均值都有不同幅度上涨，1 项指标与上年持平。"人均 GDP"市州均值从 2020 年的 51 208.81 元提升到 2021 年的 56 789.95 元，同比增长 10.9%，成都（94 622 元）、攀枝花（93 406 元）、德阳（76 824 元）位居全省前三；内江增长最快，同比增速为 12.8%。"省部级及以上创新平台数量"市州均值从 35 个增长到 45 个，成都（515 个）、绵阳（90个）占据全省前两位，泸州（45个）排名第三且增长迅速，同比涨幅超200%。"有效高新技术企业数量"市州均值从388家上升到487家，同比增长25.5%，成都（7911家）、绵阳（524家）、德阳（297家）位居全省前三；宜宾同比增长最快，在2021年突破200家，同比涨幅达34.2%。"省级及以上高新区（经开区）数量"与上年基本持平，其中成都（29个）、宜宾（17个）、南充（14个）位居全省前三。

二、创新投入指数

21个市州的创新投入指数均值为15.27，成都、绵阳、德阳、攀枝花4市的创新投入指数高于市州均值，雅安、宜宾、自贡、泸州等17个市州低于均值（图2-3）。

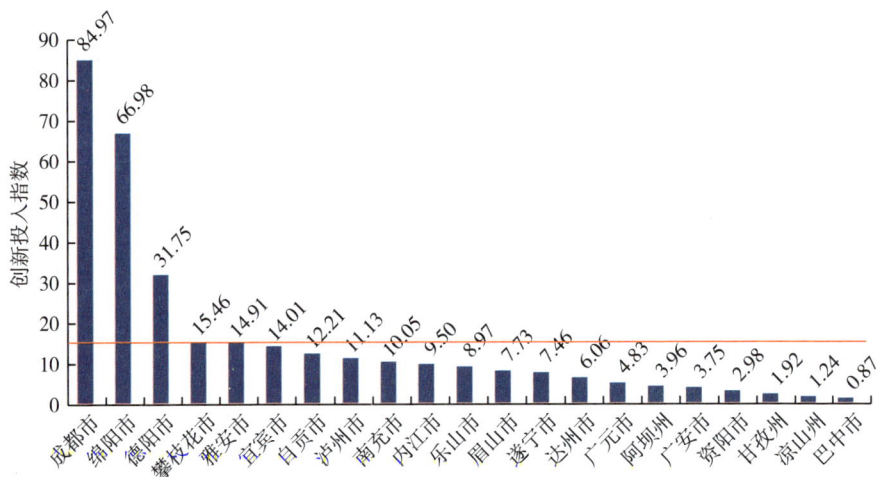

图2-3　2021年市州创新投入指数

从具体指标来看，创新投入下 4 项指标均呈增长态势，其中"全社会 R&D 经费支出"市州均值增长最为明显，从 2020 年的 50.25 亿元上升至 2021 年的 57.83 亿元，同比增速达 15.1%。成都以 631.92 亿元占据榜首，绵阳（239.55 亿元）、德阳（87.72 亿元）紧随其后；眉山增速最快，同比增幅超 40%。"全社会 R&D 经费支出占 GDP 比重"的市州均值从 2020 年的 1.29% 上升至 2021 年的 1.36%，其中绵阳以 7.15% 排名第一，德阳（3.30%）、成都（3.17%）分别居第 2、第 3 位；眉山、内江、攀枝花增长最为明显，较上年分别上升了 0.24、0.13 和 0.12 个百分点。"R&D 人员折合全时当量"市州均值与上年基本持平，成都（105 327 人年）居全省首位且与紧随其后的绵阳（29 358 人年）、德阳（12 488 人年）拉开较大差距；广安则增长最快，同比增速高达 80.4%。"万人研究人员数"市州均值（11.72 人/万人）较上年增长约 7%，其中成都（44.41 人/万人）最高，绵阳（42.16 人/万人）、德阳（23.73 人/万人）紧随其后；广安增长最快，同比增速达 49.2%。

三、创新产出指数

21 个市州的创新产出指数均值为 22.32，成都、绵阳、攀枝花、阿坝、自贡、雅安、凉山、德阳 8 市州创新产出指数高于市州均值，乐山、眉山、遂宁、宜宾等 13 个市州低于均值（图 2-4）。

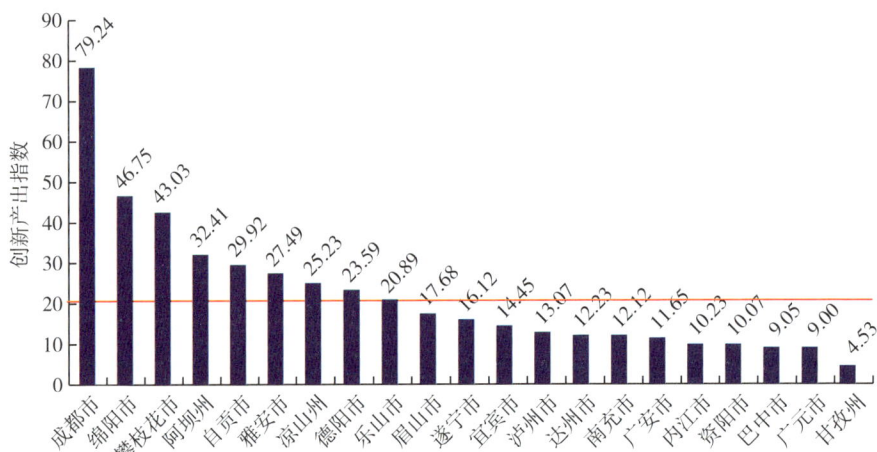

图 2-4　2021 年市州创新产出指数

从具体指标来看，创新产出下 4 项指标中 3 项指标市州均值均有不同幅度上涨，1 项指标（省级及以上科学技术奖项系数）市州均值出现小幅下降。其中，"规上工业高新技术产业营业收入占比"市州均值从 2020 年的 21.94% 上升至 2021 年的 24.33%，同比上升了 2.4 个百分点，绵阳以 61.92% 位居全省首位，成都（48.41%）、自贡（33.30%）分别居第 2、第 3 位；乐山增长最为明显，较上年提升了 7.9 个百分点。"万人有效发明专利拥有量"市州均值从上年的 4.4 件/万人上升至 5.3 件/万人，同比增长 20.5%，其中成都以 29.8 件/万人排名全省第一，攀枝花（21.7 件/万人）和绵阳（17.7件/万人）紧随其后；遂宁增长最快，同比增长 36.2%。"万人技术合同成交额"市州均值从上年的 386 元/万人上升至 454.6 元/万人，同比增长 17.8%，其中成都（6042.9 元/万人）、攀枝花（508.7元/万人）、德阳（484.48 元/万人）占据前三席位；资阳增长最快，同比增速高达 258.4%。"省级及以上科学技术奖项系数"市州均值由上年的 20.8 项当量/万人下降至 17.7 项当量/万人，降幅约 14.9%，其中排名全省前三的依次是阿坝（73.81 项当量/万人）、攀枝花（58.14 项当量/万人）和雅安（56.76 项当量/万人），成都以 28.79 项当量/万人排名第 5 位。

第三章

五大经济区情况

市州创新发展指数显示，我省区域创新发展呈现"成都平原经济区强势引领、川南经济区稳中向好、攀西经济区各有所长、川东北经济区中下游徘徊、川西北生态示范区特色鲜明"的区域格局（表3-1）。

表3-1　2021年市州创新发展指数位次及较上年变化情况

城市	名次	名次变化	城市	名次	名次变化	城市	名次	名次变化
成都市	1	→	乐山市	8	→	达州市	15	→
绵阳市	2	→	泸州市	9	→	内江市	16	→
攀枝花市	3	→	阿坝州	10	↑ 4	广安市	17	→
德阳市	4	→	眉山市	11	↓ 1	广元市	18	→
自贡市	5	↑ 2	遂宁市	12	↓ 1	资阳市	19	↑ 1
雅安市	6	↓ 1	南充市	13	↓ 1	巴中市	20	↓ 1
宜宾市	7	↓ 1	凉山州	14	↓ 1	甘孜州	21	→

注：同一经济区的市州底纹颜色相同：粉红色为成都平原经济区；浅黄为攀西经济区；浅绿为川南经济区；浅灰为川西北生态示范区；深蓝为川东北经济区。

一、成都平原经济区

成都平原经济区，是以成都为中心的经济区，包括成都、绵阳、德阳、乐山、雅安、眉山、资阳、遂宁8市。全省创新发展指数前十席中，成都平原经济区占据5席。与上年一致，成都、绵阳继续依次包揽前二席位，领跑全省；德阳区位优势明显，工业基础雄厚，也仍保持前五席位。《2021年全球创新指数报告》中全球"科技集群"排名显示，成都排名世界第39位，较上年提升8个位次，在国内居第9位。

二、川南经济区

川南经济区由自贡、泸州、内江、宜宾4市组成。除自贡创新发展指数在20以上（20.83）外，其余3市均分布为11～20。自贡、宜宾、泸州和内江的创新发展指数位次分别为第5、第7、第9和第16位，总体居于全省中上游水平，其中自贡较上年提升了2个位次。川南经济区4市充分把握自身南向开放区位特点，聚焦优势领域，加强协同合作，共建跨区域产业集群，整体创新发展态势向好。

三、攀西经济区

攀西经济区下辖攀枝花市和凉山州 2 个市（州），具备南向通道优势，钒钛、稀土等战略资源丰富，开发潜力巨大。2021 年攀枝花市创新发展指数居全省第 3 位，与上年位次持平；凉山州位于第 14 位，较上年下降 1 个位次。攀西经济区创新发展不平衡的特征较为明显，在巩固凉山州特色农业产业和攀枝花战略资源开发优势的同时，有待进一步加强融合发展，促进资源高效配置和经济高质量发展。

四、川东北经济区

川东北经济区下辖南充、达州、广安、巴中和广元 5 市，地处川渝陕甘四省（市）结合部，创新发展水平相对滞后。川东北 5 市中除了南充（第 13 名）处在中游，其他 4 市创新发展指数均位于下游。川东北经济区的产业结构以传统农业和资源型产业为主，目前正抢抓成渝地区双城经济圈建设机遇，加快布局储能、新材料等高端制造产业，重点培育高新技术企业和科技型中小企业，着力以科技创新驱动产业转型升级和新质生产力培育发展。

五、川西北生态示范区

川西北生态示范区包括甘孜和阿坝两个自治州，地处四川西北高原，是国家重点生态功能区、"中华水塔"的重要组成部分，绿色发展特色鲜明。阿坝创新发展水平进步明显，创新发展指数相较上年上升了 4 个位次，而甘孜创新发展水平仍处全省排名末位。川西北生态示范区应牢牢把握新质生产力的绿色内涵，充分利用好其生态资源优势，加快绿色科技创新应用，实现绿色科技从研发到成果转化落地的良性互动，不断探索绿色发展新路径。

第二部分
市州情况

第四章

市州创新发展画像

一、成都

（一）发展现状

成都创新发展指数为 88.04，稳居全省首位。3 项二级指数均强势领跑全省，创新发展优势明显（图 4-1）。

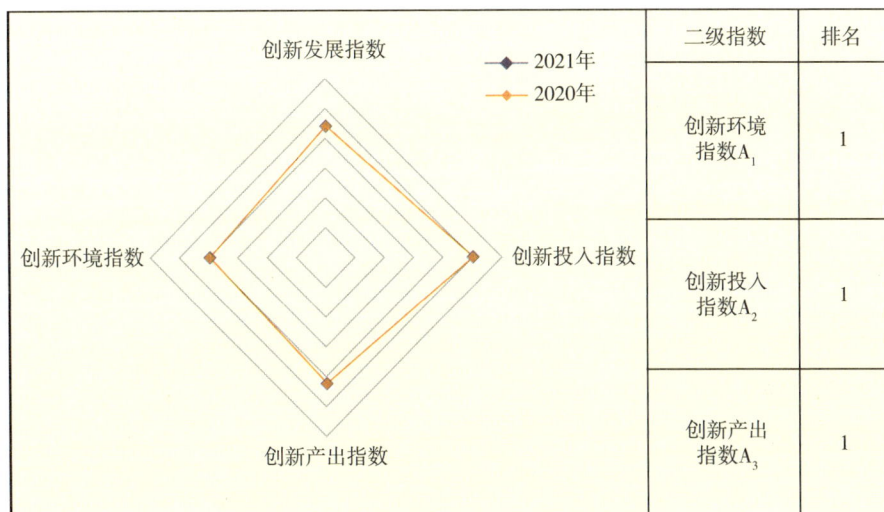

二级指数	排名
创新环境指数A_1	1
创新投入指数A_2	1
创新产出指数A_3	1

图 4-1　2021 年成都创新指数情况

　　12 项具体指标中，"人均 GDP"（94 622 元）、"有效高新技术企业数量"（7911 家）等 9 项位居全省榜首；3 项居第 2 ~ 5 位，其中"规上工业高新技术产业营业收入占比"以 48.41% 居全省第 2 位，落后于绵阳（61.92%）；"全社会 R&D 经费支出占 GDP 比重"（3.17%）居全省第 3 位，落后于绵阳、德阳；"省级及以上科学技术奖项系数"（28.79 项当量/万人）排名第 5 位，较上年提升 1 个位次，前面依次有阿坝、攀枝花、雅安和凉山（表 4-1）。

表 4-1　成都 2021 年各级指数、位次及与上年比较情况

指标名称	指数值		位次	
	当年	上年	当年	上年
创新环境	100.00	100.00	1	1
人均 GDP	100.00	100.00	1	1
省部级及以上创新平台数量	100.00	100.00	1	1
省级及以上高新区（经开区）数量	100.00	100.00	1	1
有效高新技术企业数量	100.00	100.00	1	1
创新投入	84.97	84.80	1	1
全社会 R&D 经费支出	100.00	100.00	1	1
全社会 R&D 经费支出占 GDP 比重	43.22	42.59	3	3
R&D 人员折合全时当量	100.00	100.00	1	1
万人研究人员数	100.00	100.00	1	1
创新产出	79.24	79.50	1	1
规上工业高新技术产业营业收入占比	78.08	81.91	2	2

续表

指标名称	指数值		位次	
	当年	上年	当年	上年
万人有效发明专利拥有量	100.00	100.00	1	1
万人技术合同成交额	100.00	100.00	1	1
省级及以上科学技术奖项系数	39.01	35.79	5	6

（二）对策建议

面向未来，建议成都不断推动科技创新这个"关键变量"成为赋能经济社会发展的"最大增量"，不断提升成都战略位势和发展能级，以建强成都都市圈为支撑，更好辐射带动全省加快形成"一干多支、五区协同"发展新格局。

一是加大创新投入，涌流创新活力源泉。2021 年成都市全社会 R&D 经费支出占 GDP 比重仅为 3.17%，低于绵阳（7.15%）、北京（6.53%）、上海（4.21%）等地，建议进一步健全"政府投入 + 社会投入"机制，强化科技资源统筹，推动重点领域项目、基地、人才、资金一体化配置，稳步提升财政资金投入，并以此撬动社会资本。

二是加强基础研究，提升创新策源能力。聚焦国家、省、市目标和战略需求，瞄准人工智能、量子互联网、脑科学等前沿技术及未来产业，加速布局天府永兴实验室等前沿基础平台，设立基础研究研发基金，强化企业基础研究财政支持和税收激励，多措并举推动原创成果取得重大突破。

　　三是打通科技成果转化堵点，将创新优势切实转化为产业优势。加快布局、建设一批概念验证中心、中试平台等技术转移服务机构，构建良好技术转移生态，加速创意想法和科研成果的商业化进程；组建技术经纪人团队深入四川大学、电子科技大学等高校院所，挖掘转化应用场景丰富、市场前景广阔的技术成果，提升高校院所科技成果转化效率。

二、绵阳

（一）发展现状

　　绵阳创新发展指数为 48.11，居全省第 2 位。3 项二级指数均排名全省前三，表现亮眼且发展均衡（图 4-2）。

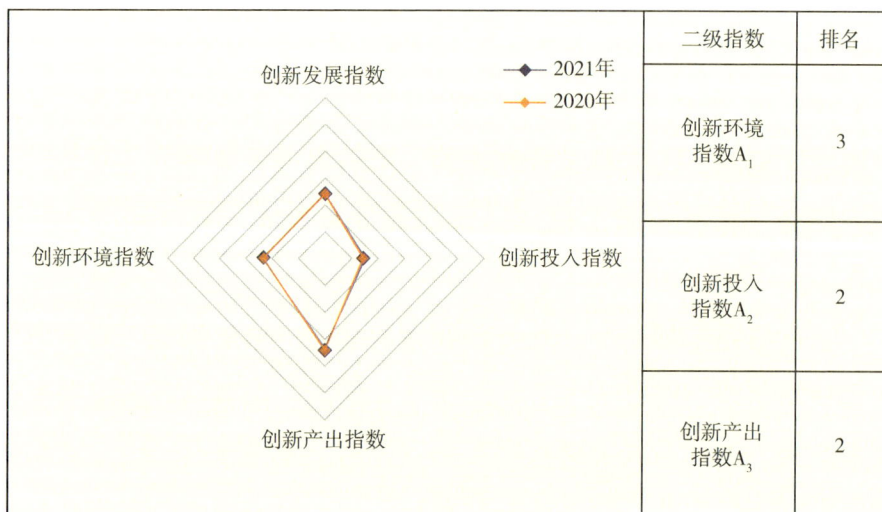

二级指数	排名
创新环境指数A$_1$	3
创新投入指数A$_2$	2
创新产出指数A$_3$	2

图 4-2　2021 年绵阳创新指数情况

12 项具体指标中，10 项指标位居全省前五。"规上工业高新技术产业营业收入占比"（61.92%）、"全社会 R&D 经费支出占 GDP 比重"（7.15%）两项指标均居全省第 1 位；"省级及以上高新区（经开区）数量"（11 个）、"省级及以上科学技术奖项系数"（10.44 项当量/万人）分别居全省第 7、第 10 位。除"万人技术合同成交额"（433.93 元/万人）较上年上升 1 个位次外，其余各项指标排名均与上年位次持平（表 4-2）。

表 4-2　绵阳 2021 年各级指数、位次及与上年比较情况

指标名称	指数值		位次	
	当年	上年	当年	上年
创新环境	30.02	28.70	3	3
人均 GDP	61.37	60.17	5	5
省部级及以上创新平台数量	17.15	12.11	2	2
省级及以上高新区（经开区）数量	37.93	37.93	7	7
有效高新技术企业数量	6.58	7.27	2	2
创新投入	66.98	68.30	2	2
全社会 R&D 经费支出	37.85	38.94	2	2
全社会 R&D 经费支出占 GDP 比重	100.00	100.00	1	1
R&D 人员折合全时当量	27.66	29.10	2	2
万人研究人员数	94.80	97.54	2	2
创新产出	46.75	46.42	2	3
规上工业高新技术产业营业收入占比	100.00	100.00	1	1

续表

指标名称	指数值		位次	
	当年	上年	当年	上年
万人有效发明专利拥有量	59.05	59.55	3	3
万人技术合同成交额	7.15	5.15	4	5
省级及以上科学技术奖项系数	14.14	14.29	10	10

（二）对策建议

作为中国唯一科技城、四川第二大经济体、川渝第三城，建议绵阳抢抓国省支持科技城建设重大机遇，持续深入实施科技立市、人才兴市战略，推动成渝科创副中心建设取得更大突破，以高水平科技创新引领高质量发展。

一是高水平建设绵阳科技城，强化创新引领。积极推进"云上科技城""云上大学城"建设，打造立足绵阳、服务四川、连通全国的科技创新资源"大平台"；聚焦激光、核医疗健康等重点产业，切实推进"园区提质"行动，着力引育龙头企业，凝聚产业竞争优势。

二是完善创新平台布局，进一步优化创新环境。加强与重庆、成都在创新平台建设等方面的协作，打造成渝绵创新"金三角"，共建中国西部科学城；"优存量"立足战略目标、产业发展需要，优化重组工程材料与结构冲击振动四川省重点实验室等省级重点实验室，"添增量"布局建设涪江实验室，推动其纳入天府实验室序列，同时争取落地一批、建设一批省级重点实验室和市级重点实验室。

三是畅通供需对接，加速转化科技成果。组建龙头企业牵头、院所和高校支撑、各类创新主体协同的创新联合体，推进产学研一体化，完善成果转化机制；推进成德绵国家科技成果转移转化示范区建设，引导科技城新区等建设专业化技术转移示范机构，完善科技成果转化服务体系建设；深入实施科技助理制度，常态化举办成果推介活动，密切链接需求端和供给端。

三、攀枝花

（一）发展现状

攀枝花创新发展指数为 28.67，居全省第 3 位。二级指数中，创新产出指数居全省第 3 位，较上年下滑 1 个位次；创新环境和创新投入指数均居全省第 4 位，与上年持平（图 4-3）。

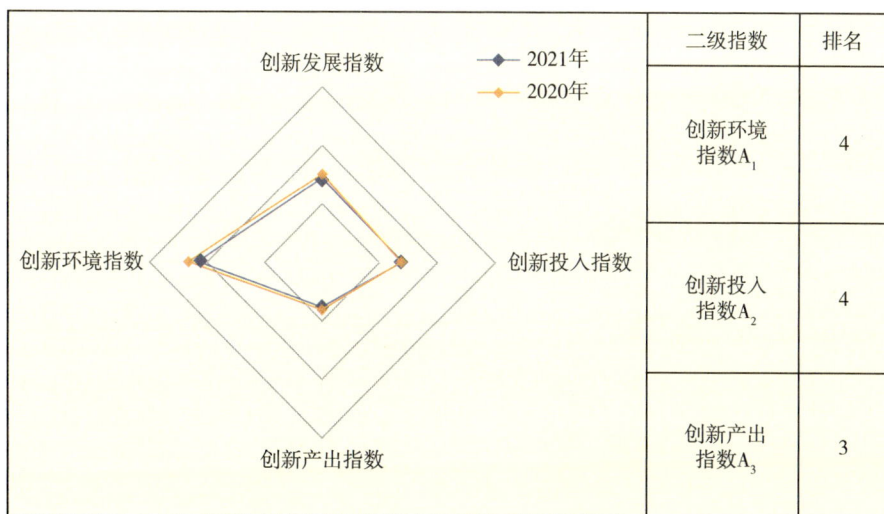

二级指数	排名
创新环境指数A_1	4
创新投入指数A_2	4
创新产出指数A_3	3

图 4-3 2021 年攀枝花创新指数情况

12 项具体指标中，"人均 GDP"（93 406 元）、"万人有效发明专利拥有量"（21.7 件/万人）、"万人技术合同成交额"（508.69 元/万人）、"省级及以上科学技术奖项系数"（58.14 项当量/万人）4 项指标持续表现良好，2020 和 2021 年均排名全省第 2 位。"省部级及以上创新平台数量"（14 个）、"有效高新技术企业数量"（64 家）、"R&D 人员折合全时当量"（2166 人年）、"省级及以上高新区（经开区）数量"（4 个）等 5 项指标居全省第 14～20 位次区段，其中"省部级及以上创新平台数量""R&D 人员折合全时当量"两项指标较上年分别下滑 3 个和 2 个位次（表 4-3）。

表 4-3　攀枝花 2021 年各级指数、位次及与上年比较情况

指标名称	指数值		位次	
	当年	上年	当年	上年
创新环境	27.92	27.60	4	4
人均 GDP	98.19	96.92	2	2
省部级及以上创新平台数量	2.34	2.26	14	11
省级及以上高新区（经开区）数量	13.79	13.79	19	19
有效高新技术企业数量	0.76	0.78	14	14
创新投入	15.46	16.40	4	4
全社会 R&D 经费支出	2.80	2.74	8	8
全社会 R&D 经费支出占 GDP 比重	21.11	19.66	4	4
R&D 人员折合全时当量	1.76	1.89	15	13
万人研究人员数	33.22	38.19	5	4

续表

指标名称	指数值		位次	
	当年	上年	当年	上年
创新产出	43.03	46.56	3	2
规上工业高新技术产业营业收入占比	15.82	12.72	20	20
万人有效发明专利拥有量	72.55	80.18	2	2
万人技术合同成交额	8.38	7.37	2	2
省级及以上科学技术奖项系数	78.77	90.22	2	2

（二）对策建议

攀枝花创新发展目前尚存在创新资源不足、研究人员较少以及高新技术产业营收有待提升等短板，有待进一步强化科技创新引领，推动现代化工业体系构建，实现产业强市目标。

一是聚焦钒钛领域，搭建完善的创新平台体系。依托攀钢研究院和攀枝花学院，加强与中国船舶、成飞集团等军工企业，中国科学院、清华大学、四川大学、重庆大学等高校院所的合作，共同打造创新联合体，建设国家技术转移西南中心攀西分中心；鼓励攀钢集团创建国家钒钛新材料产业创新中心，完善国家级钒钛重点实验室、孵化器、质检中心等创新资源布局。

二是积极培育创新主体，推动产业链补链延链。发挥攀钢、龙蟒等龙头企业辐射带动作用，围绕其需求推动上下游企业"卡点入链"；加大科技型中小企业培育力度，引导中小企业加大研发投入，积极参与国家、省、市科技专项，形成核心技术和专有技术。

三是完善制度建设，保障创新人才"引得进""用得好"。落实"百人计划""西部之光访问学者"等人才项目，引导人才向攀枝花流动；依法赋予创新领军人才更大的人财物支配权、技术路线决策权，对技术创新和成果转化中做出重要贡献的技术人员、核心骨干，实施股权和期权激励，充分释放人才活力。

四、德阳

（一）发展现状

德阳创新发展指数为 27.46，居全省第 4 位。二级指数中，创新投入指数居全省第 3 位；创新环境指数与上年持平，居全省第 5 位，创新产出指数下滑 1 个位次至全省第 8 位（图 4-4）。

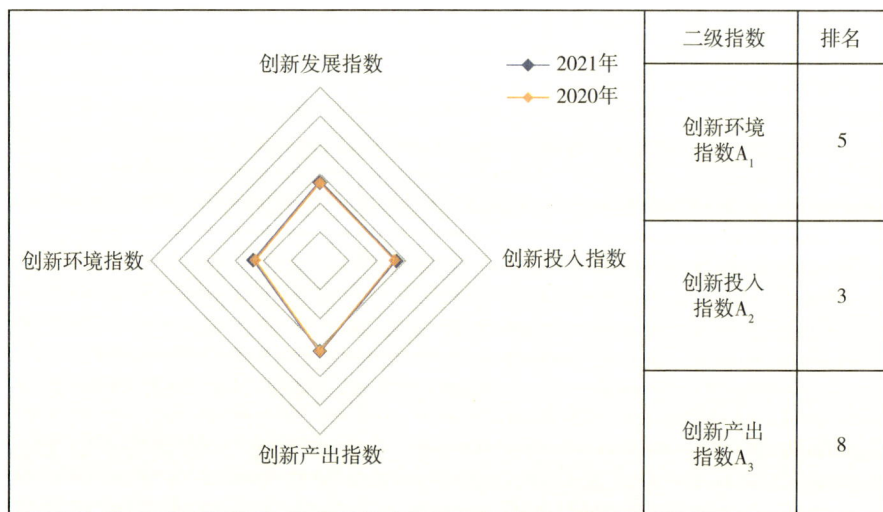

图 4-4　2021 年德阳创新指数情况

12 项具体指标中，7 项表现亮眼，在 21 个市州中排名前三。其中"全社会 R&D 经费支出占 GDP 比重"（3.3%）排名全省第 2 位，仅次于绵阳，"人均 GDP"（76 824 元）、"有效高新技术企业数量"（297 家）、"全社会 R&D 经费支出"（87.72 亿元）、"R&D 人员折合全时当量"（12 488 人年）、"万人研究人员数"（23.73 人/万人）、"万人技术合同成交额"（484.48 元/万人）6 项指标均排名全省第 3 位。"省级及以上高新区（经开区）数量"（8 个）、"省级及以上科学技术奖项系数"（8.86 项当量/万人）两项指标居全省第 12 位，与上年保持一致。值得注意的是，"省部级及以上创新平台数量"（32 家）较上年下滑 2 个位次，由全省第 3 位降至第 5 位（表 4-4）。

表 4-4　德阳 2021 年各级指数、位次及与上年比较情况

指标名称	指数值		位次	
	当年	上年	当年	上年
创新环境	26.93	26.20	5	5
人均 GDP	73.48	71.23	3	3
省部级及以上创新平台数量	5.85	4.52	5	3
省级及以上高新区（经开区）数量	27.59	27.59	12	12
有效高新技术企业数量	3.71	4.21	3	3
创新投入	31.75	31.32	3	3
全社会 R&D 经费支出	13.80	13.88	3	3
全社会 R&D 经费支出占 GDP 比重	45.08	43.87	2	2
R&D 人员折合全时当量	11.59	11.93	3	3
万人研究人员数	52.30	51.49	3	3

续表

指标名称	指数值		位次	
	当年	上年	当年	上年
创新产出	23.59	22.84	8	7
规上工业高新技术产业营业收入占比	46.51	43.29	6	7
万人有效发明专利拥有量	24.98	27.22	4	4
万人技术合同成交额	7.98	5.70	3	3
省级及以上科学技术奖项系数	12.00	12.61	12	12

（二）对策建议

德阳是我国重大装备制造业基地，工业基础雄厚，区位优势明显，创新投入较大，创新环境和创新产出方面还有进一步提升的空间。

一是优化创新生态。加速建设中国装备科技城，依托天府大道科创走廊，联动西部（成都）科学城、中国（绵阳）科技城，持续集聚高能级实验室等创新资源；深入实施"蓝鲸倍增"行动，梯度培育200亿级、百亿级、专精特新等企业群；发挥国机重装等龙头企业技术创新引领作用，推动大中小企业融通创新，提高全产业链创新协同水平，强化企业创新主体作用。

二是完善科技成果转移转化服务。围绕各产业功能区产业定位，高标准建设一批面向产业需求的科技成果转移转化中心，打造集科技成果评估、技术交易、项目孵化于一体的一站式服务平台；聚焦市场需求，发布"城市机会清单"，以场景供给带动科技成果转化。

三是提升产业发展能级。围绕装备制造等重点产业链建设，优化创新资源要素配置，开展关键环节、核心技术攻关，增强核心材料、核心元器件和核心设备供给能力，加快产业高端化发展；引导东方电气等龙头企业加强人工智能等新兴数字技术集成应用，打造行业级智能制造标杆，推进中小企业数字化赋能，稳步推进生产设备、制造单元的系统集成和互联互通，助力产业智能化发展。

五、自贡

（一）发展现状

自贡创新发展指数为20.83，居全省第5位，较上年上升2个位次。二级指数中，创新投入指数排名全省第7位，与上年位次持平；创新产出指数、创新环境指数均较上年提升1个位次，分别排名全省第5位和第8位（图4-5）。

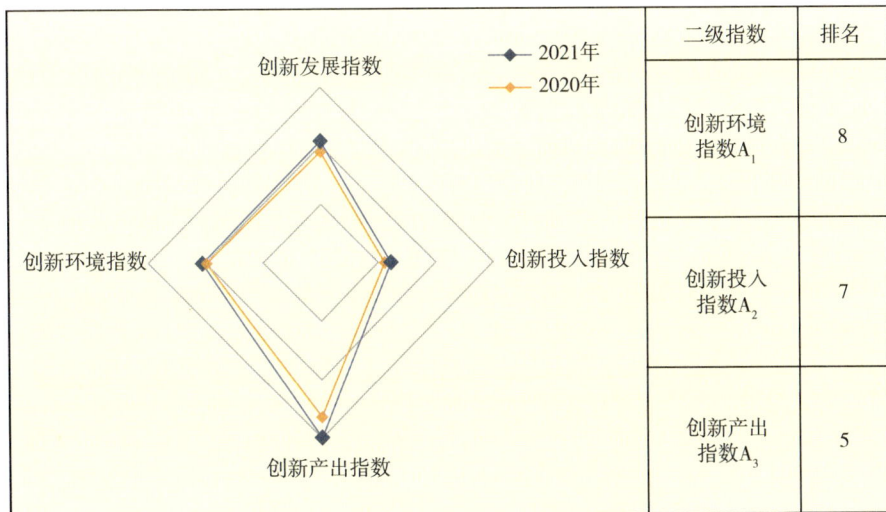

图4-5　2021年自贡创新指数情况

12 项具体指标中，"规上工业高新技术产业营业收入占比"（33.30%）和"万人有效发明专利拥有量"（6.57 件/万人）两项指标进入全省前五；"省级及以上高新区（经开区）数量"（7 个）排名全省第 15 位，较为靠后；其余指标均处于中等位次。其中，"省部级及以上创新平台数量"（23 个）、"R&D 人员折合全时当量"（3377 人年）均较上年下滑 1 个位次，"万人技术合同成交额"（352.80 元/万人）较上年下滑 2 个位次，需重点关注（表 4-5）。

表 4-5　自贡 2021 年各级指数、位次及与上年比较情况

指标名称	指数值		位次	
	当年	上年	当年	上年
创新环境	20.61	19.87	8	9
人均 GDP	55.26	52.20	7	7
省部级及以上创新平台数量	4.09	3.90	7	6
省级及以上高新区（经开区）数量	24.14	24.14	15	15
有效高新技术企业数量	1.34	1.54	9	10
创新投入	12.21	11.12	7	7
全社会 R&D 经费支出	2.57	2.50	10	10
全社会 R&D 经费支出占 GDP 比重	12.98	12.25	7	7
R&D 人员折合全时当量	2.92	3.23	9	8
万人研究人员数	28.27	24.68	6	6
创新产出	29.92	26.31	5	6
规上工业高新技术产业营业收入占比	53.58	46.73	3	4

续表

指标名称	指数值		位次	
	当年	上年	当年	上年
万人有效发明专利拥有量	21.02	22.12	5	5
万人技术合同成交额	5.80	5.65	6	4
省级及以上科学技术奖项系数	36.34	28.19	6	7

（二）对策建议

自贡具有良好的工业基础和区位优势，创新环境较为优越，创新产出能力较强，建议进一步加大创新投入，推进制造业智能化改造数字化转型，筑牢发展后劲。

一是持续推进西部科学城自贡科创园、川南渝西科技成果转化中试基地、新时代川南渝西创新人才聚集地"一园两地"建设，加速创新资源聚集，创新资本汇聚。

二是在提升 R&D 经费投入强度的同时改善投入结构，围绕新能源、新型化工、无人机及通航 3 个千亿级产业，加大对基础性、关键性技术研究的投入，组织科研项目开展技术攻关。

三是依托自贡先进碳材料产业技术研究院等平台汇聚高水平研发人才，与四川轻化工大学、四川大学、西北工业大学等市内外高校加强校地合作，打造一批高水平研发创新平台，加强人才交流与培养，推进人才智力资源共享。

六、雅安

（一）发展现状

雅安创新发展指数为 20.42，居全省第 6 位，较上年下滑 1 个位次。二级指数中，创新投入指数较上年提升 1 个位次排名全省第 5 位，创新产出指数较上年下滑 2 个位次排名全省第 6 位，创新环境指数排名全省第 12 位，位次与上年持平（图 4-6）。

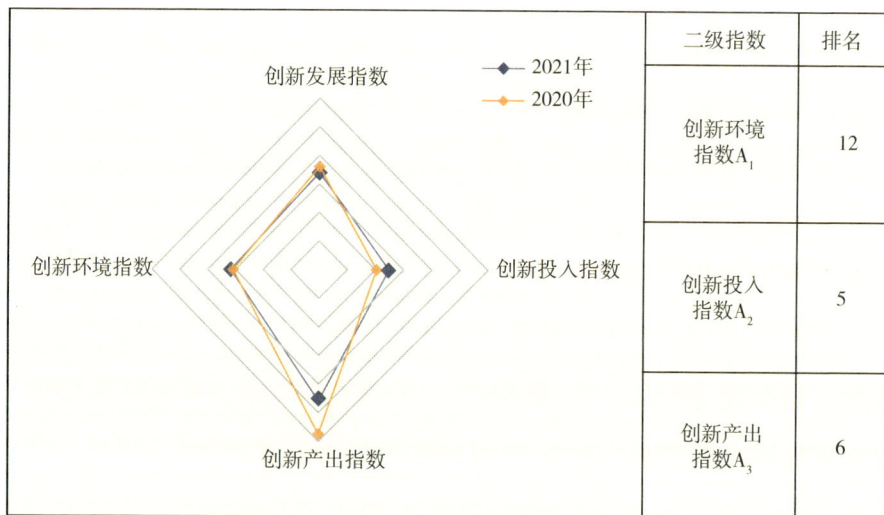

二级指数	排名
创新环境指数A_1	12
创新投入指数A_2	5
创新产出指数A_3	6

图 4-6　2021 年雅安创新指数情况

12 项具体指标中，"万人研究人员数"（17.59 人/万人）和"省级及以上科学技术奖项系数"（56.76 项当量/万人）两项指标进入全省前五；"全社会 R&D 经费支出占 GDP 比重"（1.19%）和"万人有效发明专利拥有量"（3.34 件/万人）两项指标居全省第 6 位；

"省部级及以上创新平台数量"（22个）居全省第8位，较上年下
滑4个位次；"规上工业高新技术产业营业收入占比"（14.32%）
在全省排名第19位，较上年下滑5个位次（表4-6）。

表4-6　雅安2021年各级指数、位次及与上年比较情况

指标名称	指数值		位次	
	当年	上年	当年	上年
创新环境	19.03	18.55	12	12
人均GDP	46.35	44.01	8	8
省部级及以上创新平台数量	3.90	4.11	8	4
省级及以上高新区（经开区）数量	27.59	27.59	12	12
有效高新技术企业数量	0.59	0.72	15	15
创新投入	14.91	12.25	5	6
全社会R&D经费支出	1.48	1.42	14	14
全社会R&D经费支出占GDP比重	14.98	13.96	6	6
R&D人员折合全时当量	2.14	1.66	14	14
万人研究人员数	38.13	29.58	4	5
创新产出	27.49	34.51	6	4
规上工业高新技术产业营业收入占比	22.80	27.84	19	14
万人有效发明专利拥有量	9.99	10.42	6	8
万人技术合同成交额	0.83	0.63	15	14
省级及以上科学技术奖项系数	76.90	100.00	3	1

（二）对策建议

雅安创新投入力度较大，科技成果产出能力较强，但创新环境欠佳，成果转化效率不足。建议围绕"川藏铁路第一城、绿色发展示范市"总体发展定位，加快建设成渝地区大数据产业基地，积极培育绿色低碳产业，推进产城融合，更好把握"碳达峰、碳中和"战略全局。

一是抓好企业节能减排，支持企业技改转型，强化绿色低碳产业园区、绿色低碳品牌建设，争创省级循环化改造示范试点园区和绿色工厂。

二是持续完善针对企业自主创新的引导和高企申报辅导等服务措施，帮助企业查漏补缺并向高新技术企业发展靠拢，增大高新技术企业体量，贯彻落实高新技术企业税收优惠等扶持政策。

三是依托国家技术转移西南中心雅安分中心，加快引育技术转移机构，培养技术经理人，提升技术转移服务水平，加速科技成果向生产力转化。

七、宜宾

（一）发展现状

宜宾创新发展指数19.92，居全省第7位，较上年下滑1个位次。二级指数中，创新环境指数表现最好，排名全省第2位；创新投入指数排名全省第6位，较上年下滑1个位次；创新产出指数排名全省第12位，较上年上升2个位次（图4-7）。

二级指数	排名
创新环境指数A$_1$	2
创新投入指数A$_2$	6
创新产出指数A$_3$	12

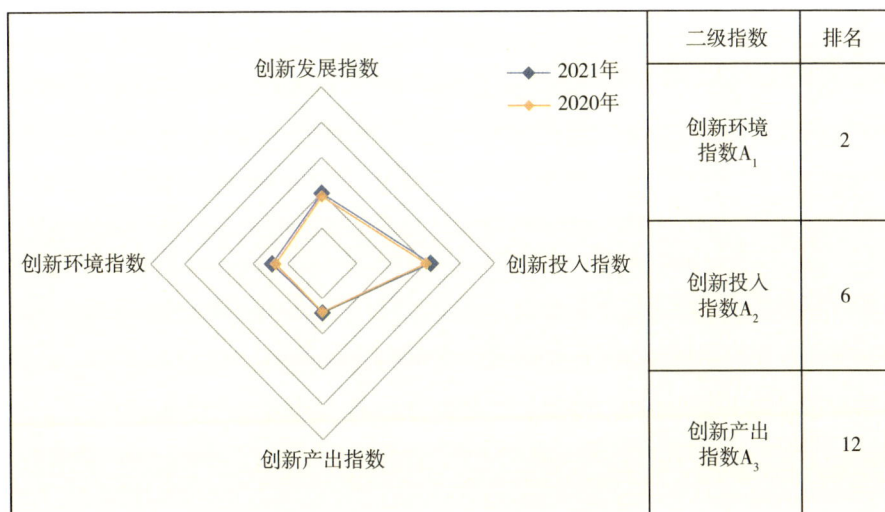

图4-7 2021年宜宾创新指数情况

　　12项具体指标中，"省级及以上高新区（经开区）数量"（17个）、"省部级及以上创新平台数量"（40个）、"有效高新技术企业数量"（200家）、"全社会R&D经费支出"（44.17亿元）、"R&D人员折合全时当量"（7502人年）、"全社会R&D经费支出占GDP比重"（1.4%）6项指标居全省前五；"省级及以上科学技术奖项系数"（2.68项当量/万人）较为落后，为全省第17位。另外，"规上工业高新技术产业营业收入占比"排名较上年前进2位至全省第10位（表4-7）。

表4-7 宜宾2021年各级指数、位次及与上年比较情况

指标名称	指数值		位次	
	当年	上年	当年	上年
创新环境	31.48	30.15	2	2
人均GDP	61.05	58.97	6	6
省部级及以上创新平台数量	7.41	4.11	4	4
省级及以上高新区（经开区）数量	58.62	58.62	2	2
有效高新技术企业数量	2.48	2.38	4	4
创新投入	14.01	13.73	6	5
全社会R&D经费支出	6.90	6.62	4	4
全社会R&D经费支出占GDP比重	17.97	17.09	5	5
R&D人员折合全时当量	6.85	6.51	4	4
万人研究人员数	22.75	23.09	7	7
创新产出	14.45	13.49	12	14
规上工业高新技术产业营业收入占比	38.75	30.86	10	12
万人有效发明专利拥有量	7.14	8.63	10	9
万人技术合同成交额	5.24	4.04	7	7
省级及以上科学技术奖项系数	3.63	8.24	17	15

（二）对策建议

近年来，宜宾锚定"一蓝一绿"主攻赛道，加快构建优质白酒、动力电池、光伏、数字经济四大产业集群，改造提升装备制造、先进材料、能源化工、建材四大传统产业，前瞻部署新型储能、智能网联新能源汽车、数字能源、通用人工智能四大未来产业，现代

化产业体系加快构建。建议乘势而上，以科技创新推动产业提质增效。

一是聚焦人才队伍"引育用留"核心环节，做优做实"人才菁聚""人才展翼""宜宾英才"等人才工程，强化人才队伍建设。引进两院院士、"长江学者"等行业领军人才和紧缺型高技能、高层次、创新型人才，并通过人才引进深化市校合作，共建一批具有引领性、标志性的重大创新平台。

二是主动融入中国西部科学城建设，构建"双城、三园、四基地"发展格局，积极落地一批高能级创新平台、国家高新技术产业开发区，持续增强科技创新能力和成果转化能力。

三是加速推进绿色低碳发展。推进园区绿色化改造，积极发展节能环保产业，支持临港经开区创建国家绿色产业示范基地。加快白酒、食品、能源、化工、石材等产业绿色化改造和提质增效，构建绿色制造体系，推动工业经济绿色转型。

八、乐山

（一）发展现状

乐山创新发展指数 18.20，居全省第 8 位，与上年位次持平。二级指数中，创新环境指数排名全省第 6 位，创新产出指数居全省第 9 位，创新投入指数则较上年下降 2 个位次排名全省第 11 位（图 4-8）。

	二级指数	排名
	创新环境 指数A_1	6
	创新投入 指数A_2	11
	创新产出 指数A_3	9

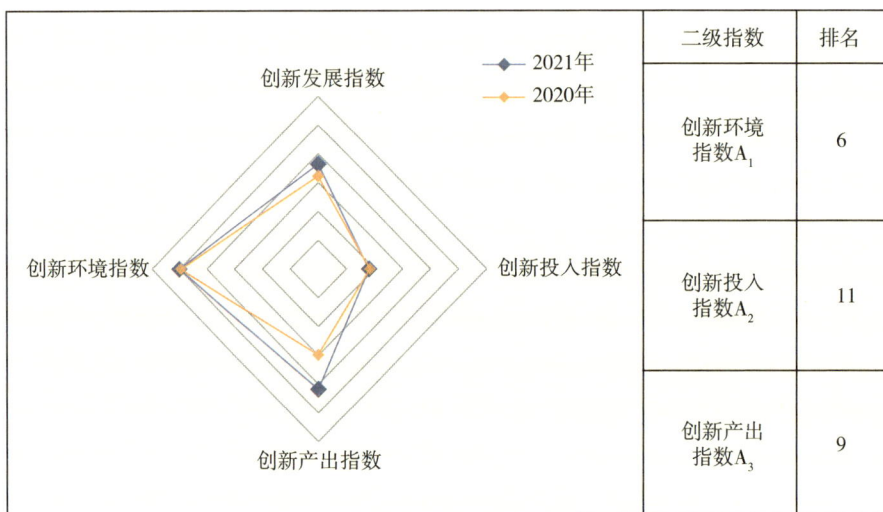

图 4-8　2021 年乐山创新指数情况

　　12 项具体指标均处于全省中上游位次。其中，"人均 GDP"
（69 850 元）和"规上工业高新技术产业营业收入占比"（33.06%）
两项指标进入全省前五；"省级及以上科学技术奖项系数"（11.09
项当量/万人）较上年跃升显著，提升了 12 个位次至全省第 9 位；"规
上工业高新技术产业营业收入占比"（33.06%）则从全省第 6 位前
进至第 4 位；"省部级及以上创新平台数量"（22 个）、"有效高
新技术企业数量"（127 家）、"万人研究人员数"（7.78 人/万人）、
"万人有效发明专利拥有量"（3.18 件/万人）4 项指标位次较上年
均有所下降，需予以关注（表 4-8）。

表 4-8 乐山 2021 年各级指数、位次及与上年比较情况

指标名称	指数值		位次	
	当年	上年	当年	上年
创新环境	25.02	24.78	6	6
人均 GDP	63.09	61.88	4	4
省部级及以上创新平台数量	3.90	3.90	8	6
省级及以上高新区（经开区）数量	34.48	34.48	9	9
有效高新技术企业数量	1.56	1.73	7	6
创新投入	8.97	9.10	11	9
全社会 R&D 经费支出	3.48	3.33	7	7
全社会 R&D 经费支出占 GDP 比重	12.70	11.68	8	8
R&D 人员折合全时当量	2.91	3.09	10	10
万人研究人员数	15.50	17.01	11	9
创新产出	20.89	14.85	9	12
规上工业高新技术产业营业收入占比	53.20	43.59	4	6
万人有效发明专利拥有量	9.46	10.55	8	7
万人技术合同成交额	1.85	1.68	10	10
省级及以上科学技术奖项系数	15.03	0	9	21

（二）对策建议

乐山创新要素较为活跃，创新产出能力较强，但在研发人才和技术交易等方面存在一定短板。建议继续聚焦优势产业、集中优势资源，打造具有核心竞争力的支柱产业，筑牢实体经济的"四梁八柱"。

一是持续推进技术创新，支持企业创新主体充分发挥自主创新能力，研发新技术，推动传统优势产业向"高技术""高附加值""绿色化"转型。

二是围绕大力发展晶硅光伏产业、加快建设中国绿色硅谷的目标，深入实施《"中国绿色硅谷"人才集聚十条硬措施》，做优人才引育用留；完善西部硅材料光伏新能源产业技术研究院决策咨询、技术研发、成果转化、公共服务等功能，为打造集"研发—转化—制造—服务"为一体的光伏全产业链集群提供强劲人才与科技支撑。

三是推动建立技术交易中心，打造技术交易市场，建强国家技术转移西南中心乐山分中心、乐山中科创新育成中心等成果转化平台，提升技术交易服务质效，依托平台服务加强科研院所与企业的对接交流和技术转移。

九、泸州

（一）发展现状

泸州创新发展指数 15.98，居全省第 9 位，与上年持平。二级指数中，创新环境指数排名全省第 7 位，创新投入指数排名全省第 8 位，创新产出指数排名全省第 13 位，较上年提升 3 个位次（图 4-9）。

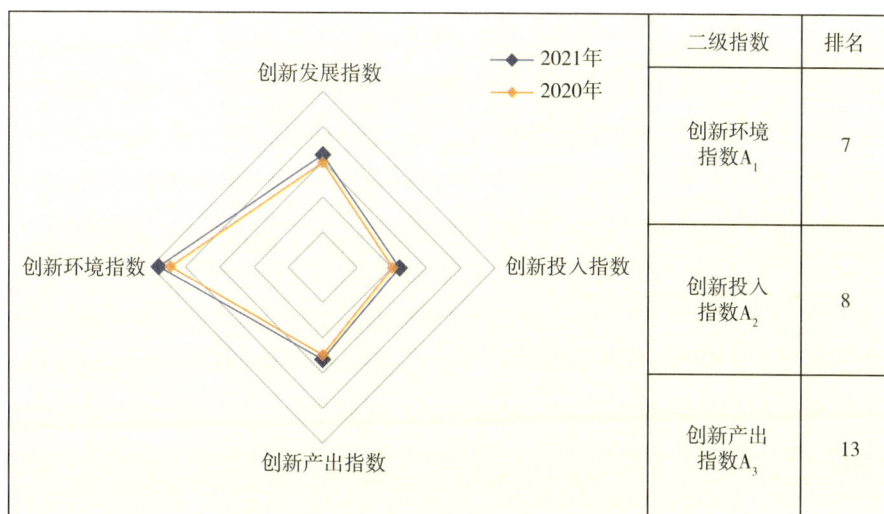

图4-9 2021年泸州创新指数情况

　　12项具体指标中，9项指标表现较好，1项指标排名较为落后。"省部级及以上创新平台数量"（45个）、"省级及以上高新区（经开区）数量"（13个）、"有效高新技术企业数量"（153家）、"全社会R&D经费支出"（24.47亿元）、"R&D人员折合全时当量"（5375人年）、"万人技术合同成交额"（425.02元/万人）6项指标均进入全省前五；其中，"省部级及以上创新平台数量"排名较上年提升6个位次，进步明显。"规上工业高新技术产业营业收入占比"（16.75%）指标在全省排名较为靠后，居第16位（表4-9）。

表4-9　泸州2021年各级指数、位次及与上年比较情况

指标名称	指数值		位次	
	当年	上年	当年	上年
创新环境	23.89	22.21	7	7
人均GDP	43.21	41.56	9	9
省部级及以上创新平台数量	8.38	2.67	3	9
省级及以上高新区（经开区）数量	44.83	44.83	4	4
有效高新技术企业数量	1.88	2.27	5	5
创新投入	11.13	10.13	8	8
全社会R&D经费支出	3.78	3.51	5	6
全社会R&D经费支出占GDP比重	12.55	11.40	9	10
R&D人员折合全时当量	4.82	4.57	5	5
万人研究人员数	21.84	19.69	8	8
创新产出	13.07	12.44	13	16
规上工业高新技术产业营业收入占比	26.74	24.97	16	17
万人有效发明专利拥有量	5.84	6.42	11	11
万人技术合同成交额	7.00	5.09	5	6
省级及以上科学技术奖项系数	10.97	11.71	13	13

（二）对策建议

作为国家老工业基地城市，泸州具备较强的制造业综合实力，近年来持续推进传统产业转型升级，创新环境具备一定优势，但创新产出能力相对不足。建议强化区域协同联动，提升科教水平，切实以科技创新推动产业创新。

一是围绕"一体两翼"特色发展战略，精准布局科技创新功能区域，充分发挥"一体""东翼""南翼"三大区域各自的产业特色优势。

二是围绕白酒（食品）、能源化工等优势产业，鼓励企业加强与省内外具有相应学科优势的西南石油大学、江南大学等高校和科研院所战略合作，组建研发基地、工程技术中心，打造一批高能级科技创新平台，校企联合加速推动技术创新。

三是做精做细人才引育，紧扣新能源、白酒、医药、先进制造等重点领域、重点产业的重点项目精准引才育才，加快"页岩气勘探开发综合利用技术"等关键核心技术攻关和转化应用。

十、阿坝

（一）发展现状

阿坝创新发展指数为 15.67，排名由上年的第 14 位上升至第 10 位。二级指数中，创新产出指数较上年上升 4 个位次，居全省第 4 位；创新投入指数和创新环境指数全省排名保持不变，分别居第 16 位和第 18 位（图 4-10）。

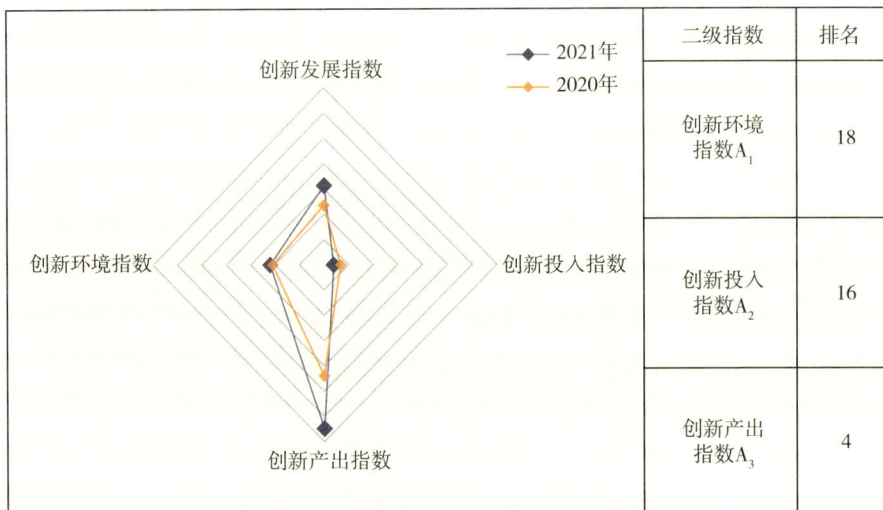

二级指数	排名
创新环境指数A_1	18
创新投入指数A_2	16
创新产出指数A_3	4

图 4-10　2021 年阿坝创新指数情况

　　12 项具体指标中，"省级及以上科学技术奖项系数"（73.81项当量/万人）表现亮眼，较上年上升了两个位次；"省级及以上高新区（经开区）数量"（1 个）等 5 项指标均处于第 20 位，"R&D人员折合全时当量"（313 人年）排名第 21 位。此外，"全社会R&D 经费支出占 GDP 比重"（0.32%）、"规上工业高新技术产业营业收入占比"（16.72%）两项指标分别较上年下降 1 个、4 个位次，需予以关注（表 4-10）。

表 4-10　阿坝 2021 年各级指数、位次及与上年比较情况

指标名称	指数值		位次	
	当年	上年	当年	上年
创新环境	10.99	10.45	18	18
人均 GDP	40.81	39.33	10	10
省部级及以上创新平台数量	0.97	0.21	18	18
省级及以上高新区（经开区）数量	3.45	3.45	20	20
有效高新技术企业数量	0.08	0.10	20	20
创新投入	3.96	3.33	16	16
全社会 R&D 经费支出	0.13	0.14	20	20
全社会 R&D 经费支出占 GDP 比重	2.57	2.71	20	19
R&D 人员折合全时当量	0.00	0.00	21	21
万人研究人员数	12.28	9.73	12	14
创新产出	32.41	21.90	4	8
规上工业高新技术产业营业收入占比	26.69	29.78	17	13
万人有效发明专利拥有量	3.63	3.66	14	14
万人技术合同成交额	0.03	0.03	20	20
省级及以上科学技术奖项系数	100.00	53.15	1	3

（二）对策建议

阿坝创新环境和创新投入是其明显短板，建议利用其独特的自然环境优势，补齐短板。

一是因地制宜发展高原特色农业，充分发挥药用自然资源禀赋，不断深化与四川农业大学、成都中医药大学等高校院所、科研机构

"院地""校地"合作关系，加强与通威等大型企业项目对接，建立稳定高效的产学研合作机制；积极引入现代化技术与装备，推动农业、中药等科技创新项目落地实施，以科技创新赋能高原特色现代化农业高质量发展。

二是加强与成都、德阳、绵阳等城市产业创新合作，持续拓展城市间"飞地"园区模式内涵及外延，出台政策吸引农牧业、清洁能源等领域科技创新平台机构来阿坝设立分中心；完善专家服务、技术供给、投融资、产业发展和供销对接等全链条服务体系，着力解决技术专家短缺、市场渠道不畅、创新资源组织协调不到位等问题，加快提升本地科技创新成果转化效能。

十一、眉山

（一）发展现状

眉山创新发展指数为 15.17，居全省第 11 位，较上年下降 1 位。二级指数中，创新产出指数排名全省第 10 位，与上年持平；创新环境指数较上年下降 1 个位次排名全省第 9 位，创新投入指数则较上年上升 1 个位次至全省第 12 位（图 4-11）。

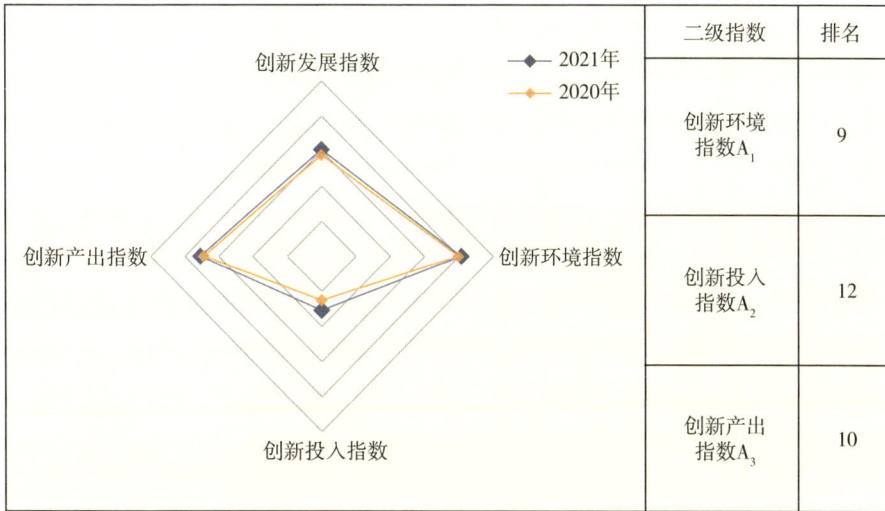

二级指数	排名
创新环境 指数A_1	9
创新投入 指数A_2	12
创新产出 指数A_3	10

图4-11 2021年眉山创新指数情况

12项具体指标中,"省级及以上高新区(经开区)数量"(12个)、"万人有效发明专利拥有量"(3.3件/万人)、"R&D人员折合全时当量"(3454人年)、"有效高新技术企业数量"(117家)、"省部级及以上创新平台数量"(22个)、"规上工业高新技术产业营业收入占比"(26.77%)6项指标进入全省前10位。创新投入具体指标有所改善,"全社会R&D经费支出占GDP比重"(1%)较上年提升2个位次,"R&D人员折合全时当量"(3454人年)提升4个位次。创新产出具体指标有所下滑,其中"万人有效发明专利拥有量"(3.3件/万人)下降1位,"万人技术合同成交额"(38.08元/万人)下降2位(表4-11)。

表 4-11　眉山 2021 年各级指数、位次及与上年比较情况

指标名称	指数值		位次	
	当年	上年	当年	上年
创新环境	20.34	19.93	9	8
人均 GDP	37.01	35.86	12	12
省部级及以上创新平台数量	3.90	3.08	8	8
省级及以上高新区（经开区）数量	41.38	41.38	6	6
有效高新技术企业数量	1.43	1.67	8	9
创新投入	7.73	6.31	12	13
全社会 R&D 经费支出	2.35	1.88	12	13
全社会 R&D 经费支出占 GDP 比重	12.27	9.12	11	13
R&D 人员折合全时当量	2.99	3.07	7	11
万人研究人员数	12.18	10.33	13	13
创新产出	17.68	17.17	10	10
规上工业高新技术产业营业收入占比	43.00	41.29	9	9
万人有效发明专利拥有量	9.86	10.59	7	6
万人技术合同成交额	0.59	0.53	18	16
省级及以上科学技术奖项系数	14.09	13.26	11	11

（二）对策建议

眉山位于成都城市中轴线南端，是成都东进、南拓的唯一结合部，是国家级天府新区、成都经济区的重要组成部分，但当前高质量创新产出较少等因素制约城市高质量发展。建议积极融入成都都

市圈建设，聚力锂电、晶硅光伏、化工新材料三大千亿产业，深入推进以科技创新引领新质生产力培育发展。

一是加强与成德资的战略对接、政策衔接、功能链接，以天府大道科创走廊建设推动区域高质量发展，探索构建毗邻地区的合作利益共享、成本共担以及利益争端处理等体制机制，主动开展跨区域协同创新，促进廊内创新人才等要素向眉山灵活流动。

二是围绕眉山"1+3"产业，紧盯产业前沿、关键核心技术，精准招引优质企业和项目，前往长三角、粤港澳、京津冀、成渝和东北地区招商引资，引入新能源新材料产业链龙头企业，带动上下游企业入驻眉山，实现量质齐升。

三是围绕锂电、光伏、新材料等战略性新兴产业，与清华大学、四川大学等高校共建产学研示范基地，加快推进新能源新材料融合创新中心、研发中心等重大创新平台建设，增强本地创新策源能力，支撑产业高质量发展。

十二、遂宁

（一）发展现状

遂宁创新发展指数为 14.31，全省排名较上年下降 1 位至第 12 位。二级指数中，创新产出指数排名保持全省第 11 位不变，创新环境指数排名提升 1 个位次至全省第 10 位，创新投入指数排名下降 1 个位次至全省第 13 位（图 4-12）。

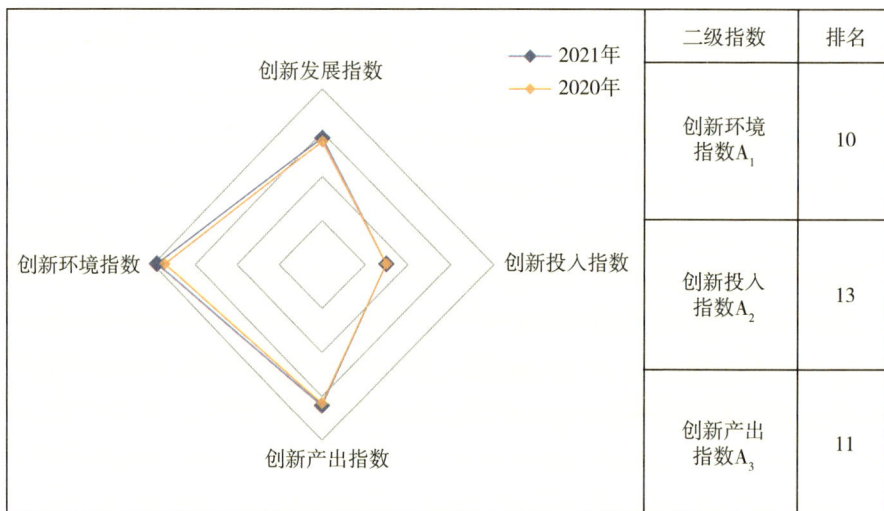

	二级指数	排名
	创新环境 指数A_1	10
	创新投入 指数A_2	13
	创新产出 指数A_3	11

图4-12　2021年遂宁创新指数情况

　　12项具体指标中，"省部级及以上创新平台数量"（25个）、"有效高新技术企业数量"（130家）两项指标是遂宁的优势指标，均排名全省第6位；"万人研究人员数"（6.06人/万人）和"省级及以上科学技术奖项系数"（3.89项当量/万人）分别排名第14位和第15位，是较为落后的指标。此外，"省部级及以上创新平台数量"进步明显，较上年前进了3个位次。"全社会R&D经费支出占GDP比重"（0.99%）和"R&D人员折合全时当量"（3236人年）全省排名均下降3个位次，需予以关注（表4-12）。

表 4-12　遂宁 2021 年各级指数、位次及与上年比较情况

指标名称	指数值		位次	
	当年	上年	当年	上年
创新环境	19.56	18.61	10	11
人均 GDP	39.92	37.66	11	11
省部级及以上创新平台数量	4.48	2.67	6	9
省级及以上高新区（经开区）数量	34.48	34.48	9	9
有效高新技术企业数量	1.59	1.73	6	6
创新投入	7.46	7.46	13	12
全社会 R&D 经费支出	2.29	2.27	13	11
全社会 R&D 经费支出占 GDP 比重	12.13	11.54	12	9
R&D 人员折合全时当量	2.78	3.12	12	9
万人研究人员数	11.53	11.85	14	12
创新产出	16.12	15.86	11	11
规上工业高新技术产业营业收入占比	43.61	41.74	8	8
万人有效发明专利拥有量	8.21	7.27	9	10
万人技术合同成交额	3.95	3.32	8	8
省级及以上科学技术奖项系数	5.27	7.85	15	16

（二）对策建议

遂宁创新发展处于全省中等水平，建议利用好其独特区位优势、国家战略等多方有利因素，打造一条高质量创新发展道路。

一是融入区域协调创新格局，提升创新发展承载力。全面融入成渝中线科创走廊、涪江流域科技创新走廊、遂潼一体化科技创新

中心建设，打造科技创新融合发展新格局；高质量建设遂宁国家农科园、组建川渝锂电及新材料研究院科创技术联盟，完善高能级创新平台布局。

二是构建全产业链协同体系，加速建设"锂电之都"，聚焦锂电产业补链延链，推动锂电产业集聚集群集约发展，加快完善"锂资源开发—锂电材料—锂电池—终端应用—综合回收利用"全生命周期链条，补齐废旧锂电池回收利用等短板。

三是聚焦锂电、能源化工、绿色食品、电子信息等主导产业，瞄准龙头企业和成长性好的科创企业，实施产业链"卡点招引"和本地苗子企业精准培育，完善产业链上下游布局和本地协作配套。

十三、南充

（一）发展现状

南充创新发展指数 13.82，居全省第 13 位，较上年下滑 1 个位次。二级指数中，创新投入指数排名全省第 9 位，较上年提升 1 个位次；创新环境指数排名第 11 位，创新产出指数排名第 15 位，分别较上年下降 1 个和 2 个位次（图 4-13）。

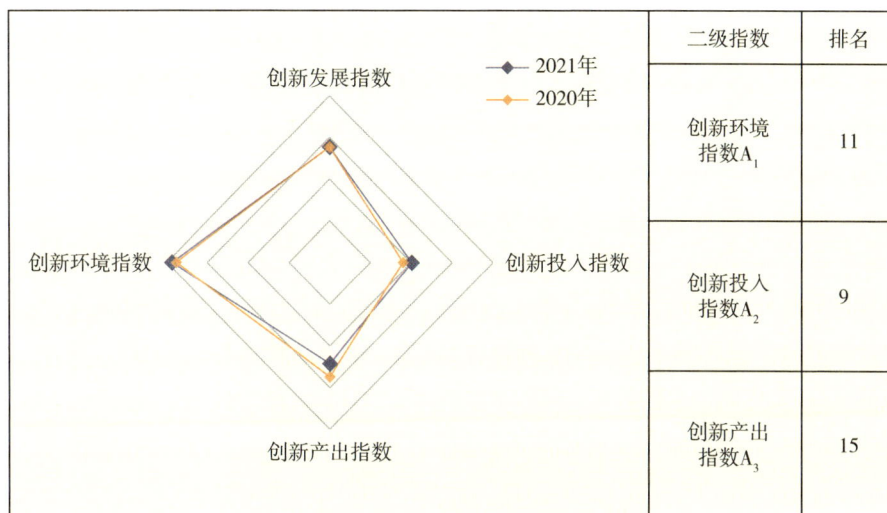

	二级指数	排名
	创新环境指数A₁	11
	创新投入指数A₂	9
	创新产出指数A₃	15

图4-13 2021年南充创新指数情况

12项具体指标中，"省级及以上高新区（经开区）数量"（14个）进入全省前五，"人均GDP"（46 589元）、"省部级及以上创新平台数量"（12个）、"万人有效发明专利拥有量"（0.73件/万人）3项指标在全省排名第15位及以后。此外，"省部级及以上创新平台数量"（12个）、"全社会R&D经费支出"（23.8亿元）、"全社会R&D经费支出占GDP比重"（0.91%）3项指标较上年有所下滑；"有效高新技术企业数量"（103家）排名从上年的第6位跌至第12位，需重点关注（表4-13）。

表 4-13　南充 2021 年各级指数、位次及与上年比较情况

指标名称	指数值		位次	
	当年	上年	当年	上年
创新环境	**19.41**	**18.88**	**11**	**10**
人均 GDP	28.43	26.42	15	15
省部级及以上创新平台数量	1.95	1.23	15	13
省级及以上高新区（经开区）数量	48.28	48.28	3	3
有效高新技术企业数量	1.25	1.73	12	6
创新投入	**10.05**	**8.99**	**9**	**10**
全社会 R&D 经费支出	3.67	3.62	6	5
全社会 R&D 经费支出占 GDP 比重	10.98	10.40	13	12
R&D 人员折合全时当量	4.78	4.11	6	6
万人研究人员数	19.47	16.71	9	10
创新产出	**12.12**	**13.73**	**15**	**13**
规上工业高新技术产业营业收入占比	28.62	25.50	14	16
万人有效发明专利拥有量	1.09	0.98	17	17
万人技术合同成交额	1.46	1.24	11	11
省级及以上科学技术奖项系数	15.26	25.74	8	8

（二）对策建议

南充创新产出相对不足，创新环境仍有待优化。需进一步以创新方式增强竞争优势，推动南充由"川北重镇"向"成渝重镇"转变。

一是充分把握"一带一路"建设、长江经济带、新时代西部大开发和成渝地区双城经济圈等重大战略机遇，积极融入西部科学城等载体建设。

二是建立完善高新技术企业培育服务管理体系，大力培育高新技术企业，为高新技术企业提供涵盖知识产权、金融支持、认定培训等全方位的服务。

三是支持西南石油大学、川北医学院、南充市农业科学院等高校、科研院所加强特色学科和高能级创新平台建设；支持南充三环研究院、吉利新能源商用车研究院、桑产业技术研究院等新型研发机构发展壮大。

四是加大柔性引才力度，健全高水平科学家来南充合作交流联系服务机制，大力引进"高精尖缺"人才和高水平创新团队。

十四、凉山

（一）发展现状

凉山创新发展指数为 12.42，全省排名第 14 位，较上年下降 1 位。从二级指数来看，创新产出指数排名全省第 7 位，较上年下降 2 个位次；创新环境指数全省排名保持不变，居第 17 位；创新投入指数排名第 20 位，较上年下降 1 个位次（图 4-14）。

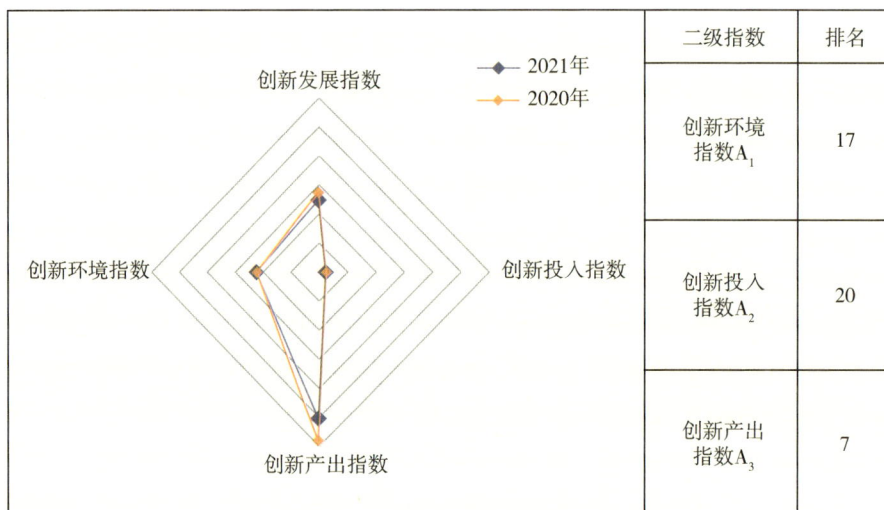

二级指数	排名
创新环境指数A_1	17
创新投入指数A_2	20
创新产出指数A_3	7

图4-14 2021年凉山创新指数情况

12项具体指标中，"省级及以上科学技术奖项系数"（36.05项当量/万人）和"规上工业高新技术产业营业收入占比"（29.21%）全省排名比较靠前，分别排名第4位和第5位，是凉山的优势指标；"人均GDP"（39 063元）等9项指标均处于全省下游水平，其中"省部级及以上创新平台数量"（5个）排名第20位，较上年下降5个位次，"万人技术合同成交额"（2.32元/万人）排名第21位，是凉山排名最为落后的指标（表4-14）。

表 4-14 凉山 2021 年各级指数、位次及与上年比较情况

指标名称	指数值		位次	
	当年	上年	当年	上年
创新环境	11.11	11.00	17	17
人均 GDP	17.21	16.52	19	19
省部级及以上创新平台数量	0.58	0.82	20	15
省级及以上高新区（经开区）数量	27.59	27.59	12	12
有效高新技术企业数量	0.40	0.41	18	18
创新投入	1.24	1.36	20	19
全社会 R&D 经费支出	0.92	0.92	17	17
全社会 R&D 经费支出占 GDP 比重	2.85	2.85	18	18
R&D 人员折合全时当量	0.19	0.41	18	18
万人研究人员数	0.86	1.13	20	20
创新产出	25.23	29.07	7	5
规上工业高新技术产业营业收入占比	46.94	57.32	5	3
万人有效发明专利拥有量	2.44	2.55	16	16
万人技术合同成交额	0.00	0.00	21	21
省级及以上科学技术奖项系数	48.84	52.90	4	4

（二）对策建议

凉山创新发展水平偏低，建议坚持产业发展高端化、绿色化、集约化，走出绿色崛起高质量发展新路子。

一是充分利用钒钛、稀土等矿产资源优势，以及金沙江、雅砻江、大渡河自然资源禀赋优势，推动战略资源创新开发、清洁能源

产业延链补链，加快打造钒钛稀土、清洁能源两个千亿级优势产业集群。

二是立足凉山中医药、彝藏医药产业特色，加快打造现代中药研发生产基地，推动好医生攀西药业有限责任公司等龙头企业对接当地彝族医药研究所，以及成都中医药大学等州外高校院所，联合加强关键技术研发，参与建立完善凉山中药材生产质量标准体系，以特色产业带动区域创新发展。

三是大力培育高新技术企业，扩大研发投入后补助专项资金池，开展科技创新券试点，探索重大关键技术攻关"揭榜制"，充分激活社会创新创造活力。

十五、达州

（一）发展现状

达州创新发展指数为 11.95，居全省第 15 位，与上年持平。二级指数中，创新环境指数、创新投入指数分别排名全省第 13 位和第 14 位，和上年持平；创新产出指数较上年提升 1 个位次，至第 14 位（图 4-15）。

二级指数	排名
创新环境 指数A₁	13
创新投入 指数A₂	14
创新产出 指数A₃	14

创新发展指数
◆ 2021年
◆ 2020年

创新产出指数

创新环境指数

创新投入指数

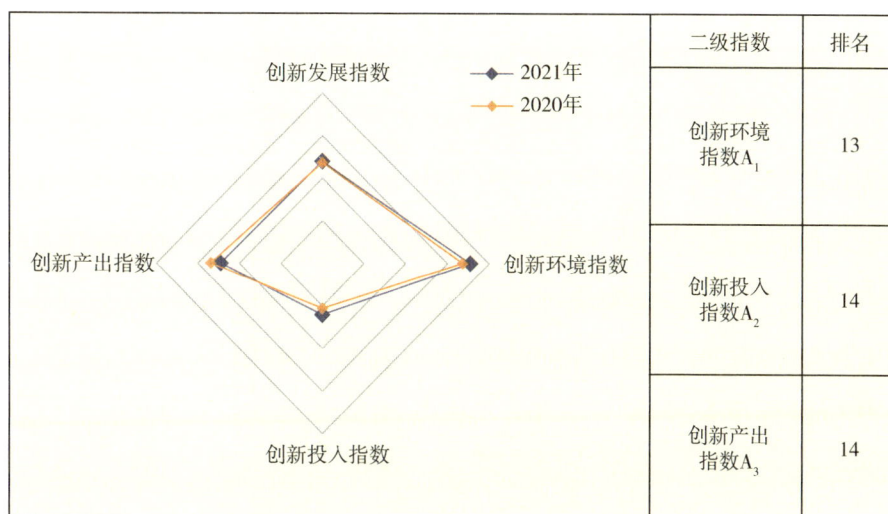

图4-15　2021年达州创新指数情况

12项具体指标中，"省级及以上高新区（经开区）数量"（13个）、"规上工业高新技术产业营业收入占比"（27.22%）、"全社会R&D经费支出"（17.14亿元）3项指标进入全省前十，其中"省级及以上高新区（经开区）数量"居全省第4位。"省部级及以上创新平台数量"（17个）提升较快，全省位次较上年上升5位；"R&D人员折合全时当量"（3284人年）、"万人研究人员数"（5.23人/万人）也均上升1位；"规上工业高新技术产业营业收入占比"（27.22%）较上年下降了2个位次，需予以关注（表4-15）。

表 4-15　达州 2021 年各级指数、位次及与上年比较情况

指标名称	指数值		位次	
	当年	上年	当年	上年
创新环境	17.75	16.82	13	13
人均 GDP	24.04	22.23	16	17
省部级及以上创新平台数量	2.92	0.62	12	17
省级及以上高新区（经开区）数量	44.83	44.83	4	4
有效高新技术企业数量	1.26	1.50	11	12
创新投入	6.06	5.33	14	14
全社会 R&D 经费支出	2.62	2.59	9	9
全社会 R&D 经费支出占 GDP 比重	8.42	8.26	14	14
R&D 人员折合全时当量	2.83	2.72	11	12
万人研究人员数	9.62	7.14	15	16
创新产出	12.23	13.43	14	15
规上工业高新技术产业营业收入占比	43.73	45.02	7	5
万人有效发明专利拥有量	0.49	0.43	20	20
万人技术合同成交额	0.75	0.35	17	17
省级及以上科学技术奖项系数	0.00	3.99	19	19

（二）对策建议

达州是四川东出北上交通枢纽，已建成全省第三大机场，成达万、西达渝两条高铁在此形成"十字交汇"，区域创新发展具备较强区位优势，但当前创新投入与创新产出水平不高等问题较为突出。建议以科技创新为引领，充分发挥万达开技术创新中心作用，着力

在天然气、锂钾、玄武岩纤维等重点领域关键技术取得新突破，实现做强传统优势与抢占新兴赛道共进。

一是坚持资源开发利用与科技创新深度融合，聚焦天然气锂钾资源，依托新型杂卤石钾盐矿科研基地、玄武岩新材料产业园等产业增强城市矿产资源勘探开发能级，推进化工新材料、动力电池、储能电池制造重点产业强链补链延链发展。

二是以财政资金、社会基金等形式加大区域创新投入，以万达开技术创新中心等平台为牵引加快融入川渝万达开地区统筹发展。

三是发挥区位优势，围绕本地化工新材料等重点产业发展，加快引聚川内及重庆科技企业；常态化开展成渝高校人才与科技成果对接活动，吸引创新人才来达州工作，挖掘创新成果来达州转化。

十六、内江

（一）发展现状

内江创新发展指数为 11.72，居全省第 16 位，较上年保持不变。二级指数中，创新产出指数居全省第 17 位，较上年上升了 3 个位次；创新投入指数居第 10 位，较上年上升 1 个位次；创新环境指数排名全省第 16 位，与上年持平（图 4-16）。

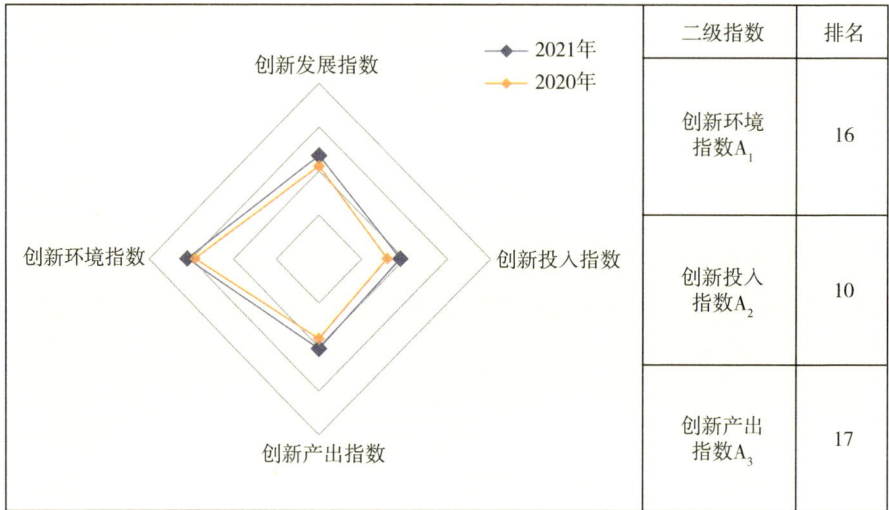

	二级指数	排名
	创新环境指数A₁	16
	创新投入指数A₂	10
	创新产出指数A₃	17

图4-16　2021年内江创新指数情况

12项具体指标中，"R&D人员折合全时当量"（3380人年）、"万人研究人员数"（9.16人/万人）、"有效高新技术企业数量"（110家）、"全社会R&D经费支出占GDP比重"（1.01%）4项指标进入全省前十，其中"万人研究人员数""全社会R&D经费支出占GDP比重""有效高新技术企业数量"均较上年上升1个位次。"规上工业高新技术产业营业收入占比"（15.29%）排名全省第18位，"省部级及以上创新平台数量""R&D人员折合全时当量"两项指标排名较上年均出现1个位次的下降（表4-16）。

表 4-16　内江 2021 年各级指数、位次及与上年比较情况

指标名称	指数值		位次	
	当年	上年	当年	上年
创新环境	15.50	14.56	16	16
人均 GDP	35.56	32.76	13	13
省部级及以上创新平台数量	2.73	1.44	13	12
省级及以上高新区（经开区）数量	24.14	24.14	15	15
有效高新技术企业数量	1.34	1.54	9	10
创新投入	9.50	7.97	10	11
全社会 R&D 经费支出	2.46	2.25	11	12
全社会 R&D 经费支出占 GDP 比重	12.41	10.83	10	11
R&D 人员折合全时当量	2.92	3.62	8	7
万人研究人员数	18.69	14.05	10	11
创新产出	10.23	9.11	17	20
规上工业高新技术产业营业收入占比	24.38	22.86	18	19
万人有效发明专利拥有量	5.33	5.40	12	12
万人技术合同成交额	1.18	0.93	12	12
省级及以上科学技术奖项系数	8.28	5.53	14	17

（二）对策建议

近年来，内江深入实施创新驱动、科教兴市、人才强市战略，创新成果持续产出，创新体系不断完善，创新动能明显增强，建议科技创新驱动重点项目高质量建设，做大规模、做优结构、做长链条，积极培育形成新质生产力。

一是深度融入成渝中线科创走廊建设，持续在创新平台建设、创新人才引育、科技成果转化、科技体制改革、创新生态营造等方面谋深谋远、做细做实。

二是以科技创新为引领，升级传统产业、壮大新兴产业、培育未来产业，挖掘区位优势、培育先进产业集群、加快发展新质生产力。

三是持续构建突出内江特色的现代产业体系。大力推动"页岩气＋、钒钛＋、甜味＋、装备＋"以及电子信息产业和生物医药产业"4+2"重点产业集群化发展，打造现代产业体系，同时强化科技适用原则，立足自身资源禀赋、产业发展基础，协调推进高新技术产业与中低科技产业发展。

十七、广安

（一）发展现状

广安创新发展指数为 10.25，居全省第 17 位，与上年位次持平。二级指数中，创新环境指数排名第 15 位，较上年下滑 1 个位次；创新产出指数排名第 16 位，较上年提升 1 个位次；创新投入指数位次与上年持平，居全省第 17 位（图 4–17）。

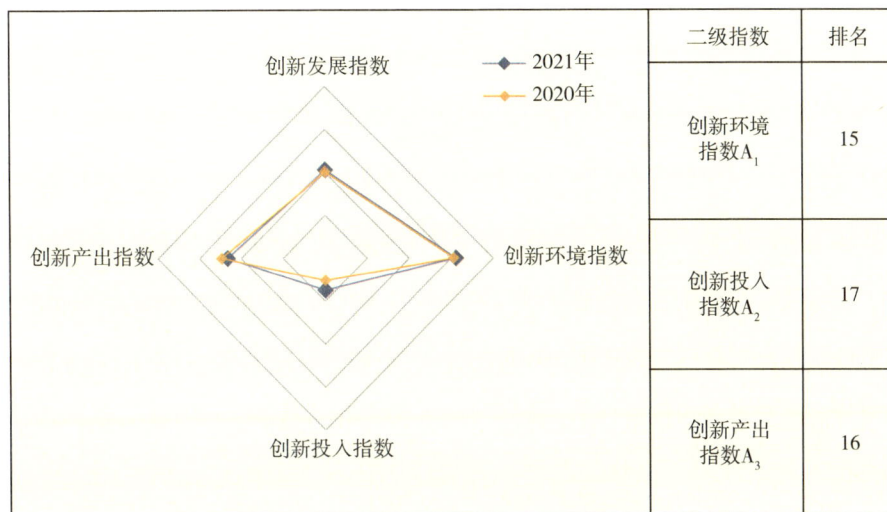

二级指数	排名
创新环境指数A₁	15
创新投入指数A₂	17
创新产出指数A₃	16

图4-17 2021年广安创新指数情况

12项具体指标中，"省级及以上高新区（经开区）数量"（11个）、"规上工业高新技术产业营业收入占比"（23.23%）、"有效高新技术企业数量"（68家）、"R&D人员折合全时当量"（2805人年）、"万人技术合同成交额"（62.78元/万人）5项指标位于全省中上游。此外，"R&D人员折合全时当量"（2805人年）、"省部级及以上创新平台数量"（9个）、"省级及以上科学技术奖项系数"（3.09项当量/万人）取得进步，较上年均提升2个位次。"人均GDP"（43558元）、"规上工业高新技术产业营业收入占比"（23.23%）略有下滑，较上年均下降1个位次（表4-17）。

表4-17　广安2021年各级指数、位次及与上年比较情况

指标名称	指数值		位次	
	当年	上年	当年	上年
创新环境	15.54	15.27	15	14
人均GDP	23.91	23.71	17	16
省部级及以上创新平台数量	1.36	0.21	16	18
省级及以上高新区（经开区）数量	37.93	37.93	7	7
有效高新技术企业数量	0.81	1.03	13	13
创新投入	3.75	2.60	17	17
全社会R&D经费支出	1.11	1.01	16	16
全社会R&D经费支出占GDP比重	5.71	4.99	16	16
R&D人员折合全时当量	2.37	1.28	13	15
万人研究人员数	5.35	2.80	18	19
创新产出	11.65	12.37	16	17
规上工业高新技术产业营业收入占比	37.25	39.72	11	10
万人有效发明专利拥有量	0.94	0.85	18	18
万人技术合同成交额	1.00	0.73	13	13
省级及以上科学技术奖项系数	4.19	4.76	16	18

（二）对策建议

近年来，广安创新环境优化，创新生态改善，为现代化建设广安提供了有力科技支撑。建议继续积极融入双核双圈，以科技创新为引领，集群发展优势产业，精深打造特色产业，规模培育新兴产业，加快建设以实体经济为支撑的现代产业体系。

一是保持科技投入稳定增长，完善科技创新奖励、成果转化扶持等政策，健全科研项目评审、科研人员评价等机制，持续营造良好创新生态。

二是抢抓成渝地区双城经济圈建设机遇，以广安临港经开区为中心链接东西协作产业，推动本地装备制造、绿色化工、生物医药等产业集群发展。

三是持续贯彻多区域产业优势布局，推动华蓥大力发展电子信息和玄武岩纤维产业，岳池联动成都共建广蓉生物医药产业园区，武胜加快建设农产品加工示范园区，高新区积极联动成渝建设机电产业园、空港园区配套产业园。

十八、广元

（一）发展现状

广元创新发展指数为 9.77，居全省第 18 位，与上年持平。二级指数中，创新环境指数排名第 14 位，较上年提升 1 个位次；创新产出指数第 20 位，较上年下滑 2 个位次；创新投入指数排名则与上年持平，居全省第 15 位（图 4-18）。

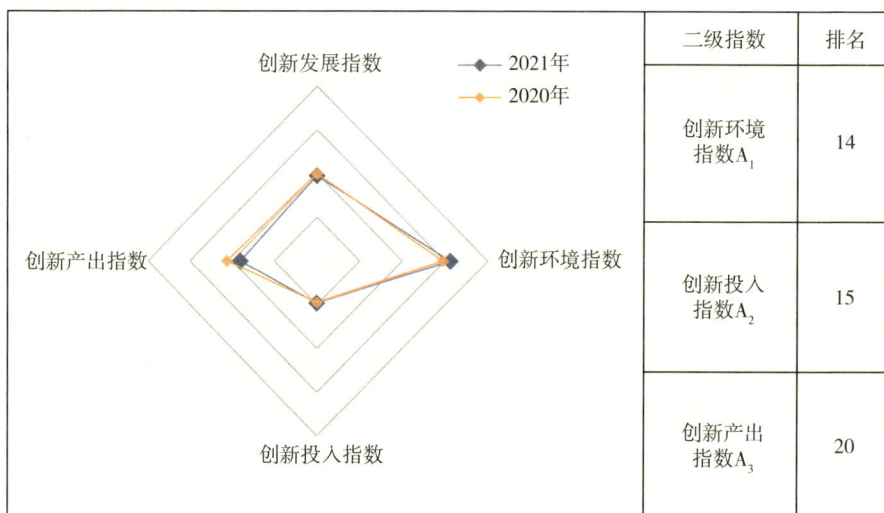

二级指数	排名
创新环境指数A₁	14
创新投入指数A₂	15
创新产出指数A₃	20

图 4-18　2021 年广元创新指数情况

12 项具体指标中，仅"省级及以上高新区（经开区）数量"（9 个）一项指标位列全省中游，居第 11 位，"人均 GDP"等 11 项指标均在第 14 ~ 16 位徘徊。具体来看，"省部级及以上创新平台数量"（9 个）提升较快，位次较上年上升 2 位，创新环境有所改善。"省级及以上科学技术奖项系数"（2.22 项当量/万人）下滑明显，位次从全省第 14 位降到第 18 位，创新产出方面尚未有新的突破（表 4-18）。

表 4–18　广元 2021 年各级指数、位次及与上年比较情况

指标名称	指数值		位次	
	当年	上年	当年	上年
创新环境	15.64	14.81	14	15
人均 GDP	31.48	29.10	14	14
省部级及以上创新平台数量	1.36	0.21	16	18
省级及以上高新区（经开区）数量	31.03	31.03	11	11
有效高新技术企业数量	0.56	0.67	16	16
创新投入	4.83	4.75	15	15
全社会 R&D 经费支出	1.13	1.14	15	15
全社会 R&D 经费支出占 GDP 比重	7.99	7.83	15	15
R&D 人员折合全时当量	1.11	1.17	16	16
万人研究人员数	8.26	8.05	16	15
创新产出	9.00	10.56	20	18
规上工业高新技术产业营业收入占比	27.10	26.42	15	15
万人有效发明专利拥有量	2.89	2.72	15	15
万人技术合同成交额	0.76	0.54	16	15
省级及以上科学技术奖项系数	3.01	10.55	18	14

（二）对策建议

广元素有"川北门户、蜀道咽喉"之称，是国家重点打造的全国性综合交通枢纽，也是"北铝南铝"交汇之地、四川唯一的铝基材料产业发展基地市，但当前存在创新产出相对薄弱的问题。建议增强科技创新能力，引导创新资源加快向优势主导产业、

战略新兴产业集中集聚，释放更加充沛的新动能对冲压力、厚植优势。

一是依托"绿色水电铝—铝精深加工—铝资源综合利用"产业链条，以国家级广元经开区为"中心"，加快实现产业园区及创新资源集中集聚，推动产业成链延伸发展。

二是高标准建设"中国绿色铝都"，以中国西部（广元）铝锭贸易中心、铝基新材料产业技术研究院为创新基底，组建产业创新联盟贯穿上下游环节，助推全市铝基新材料产业高质量发展。

三是重点招引高端工业铝型材、高纯铝、绿色循环再生铝等铝精深加工项目，提高原铝资源的本地加工转化率，拓展航空航天、轨道交通等高端工业应用领域。

十九、资阳

（一）发展现状

资阳的创新发展指数为7.16，居全省第19位，较上年上升1位。从二级指数来看，创新产出指数居全省第18位，较上年上升1个位次，创新环境和创新投入指数排名均未变化，分别排名第19位和第18位（图4-19）。

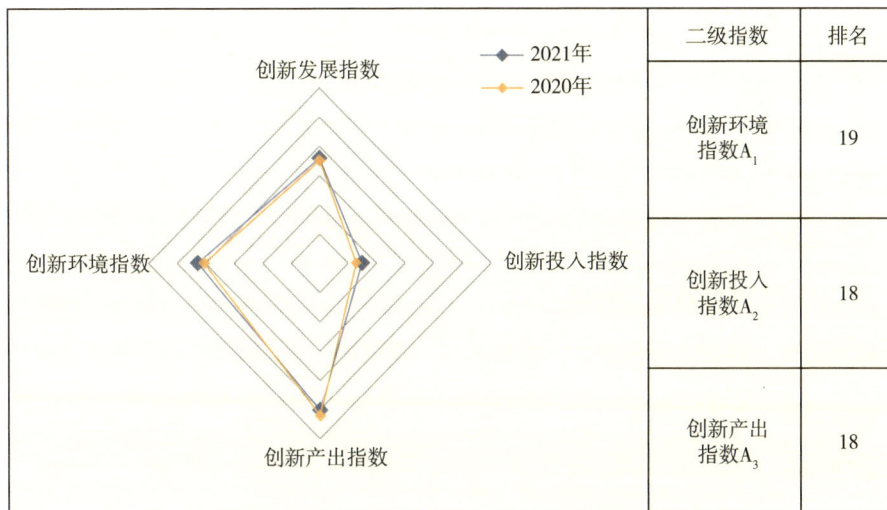

	二级指数	排名
	创新环境 指数A_1	19
	创新投入 指数A_2	18
	创新产出 指数A_3	18

图4-19　2021年资阳创新指数情况

　　12项具体指标大多处于全省下游水平，仅"规上工业高新技术产业营业收入占比"（20.3%）排名稍微靠前，位于全省第12位，"人均GDP"（38 717元）、"有效高新技术企业数量"（35家）等7项指标排名分布在第18～20位。"万人技术合同成交额"（61.33元/万人）指标进步明显，较上年上升4个位次至全省第14位，"省部级及以上创新平台数量"（7个）则是下降3个位次至全省第18位（表4-19）。

表4-19　资阳2021年各级指数、位次及与上年比较情况

指标名称	指数值		位次	
	当年	上年	当年	上年
创新环境	8.57	8.12	19	19
人均 GDP	16.70	15.01	20	20
省部级及以上创新平台数量	0.97	0.82	18	15
省级及以上高新区（经开区）数量	17.24	17.24	18	18
有效高新技术企业数量	0.39	0.38	19	19
创新投入	2.98	2.56	18	18
全社会 R&D 经费支出	0.66	0.60	18	18
全社会 R&D 经费支出占 GDP 比重	5.71	4.99	16	16
R&D 人员折合全时当量	0.62	0.43	17	17
万人研究人员数	4.41	3.77	19	18
创新产出	10.07	10.45	18	19
规上工业高新技术产业营业收入占比	32.50	33.73	12	11
万人有效发明专利拥有量	4.01	4.47	13	13
万人技术合同成交额	0.98	0.29	14	18
省级及以上科学技术奖项系数	0.00	0.39	19	20

（二）对策建议

资阳创新发展水平接近全省末位，各方面指标落后于全省平均水平。建议利用好现有工业基础以及西迎成都、东接重庆这一区位优势，抓住成德眉资同城化发展机遇。

一是大力举办"资阳企业走进成都高校""成都科研人员走进资阳园区企业"等活动，推动产业创新需求与成渝高校资源深度合作。

二是着力推进成都资阳协同创新中心和国家技术转移西南中心资阳分中心建设，提升同城化水平，推动科技创新"最先一公里"和成果转化应用"最后一公里"得到有效衔接。

三是积极布局发展低空经济，打造经济发展新动能。支持资阳临空经济区联合星河动力等企业共建低空飞行器研发平台、生产制造基地，同时加大财政资金支持力度，积极招引垂直起降航空器、小型飞机和各种无人机等产业项目落地。

二十、巴中

（一）发展现状

巴中创新发展指数为5.54，排名较上年下降1位至第20位。从二级指数来看，创新产出指数居全省第19位，较上年下滑10个位次；创新环境和创新投入指数分别居全省第20位和第21位，与上年位次持平（图4-20）。

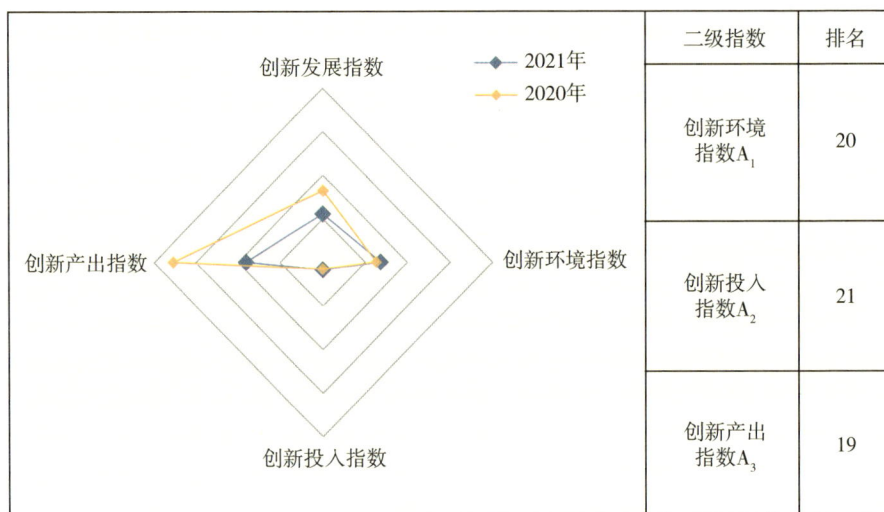

二级指数	排名
创新环境指数A₁	20
创新投入指数A₂	21
创新产出指数A₃	19

图4-20　2021年巴中创新指数情况

12项具体指标中，"省部级及以上创新平台数量"（20个）、"规上工业高新技术产业营业收入占比"（19.11%）、"万人技术合同成交额"（136.48元/万人）3项指标位于全省中上游，分别为第11、第13、第9位，其余指标排名均在第15位及以后；"人均GDP"（25 720元）、"万人研究人员数"（1.06人/万人）两项指标均居全省末尾。此外，"规上工业高新技术产业营业收入占比"位次较上年提升5位，"万人有效发明专利拥有量"位次较上年下降1位，"省级及以上科学技术奖项系数"位次出现大幅度下滑（表4-20）。

表4-20 巴中2021年各级指数、位次及与上年比较情况

指标名称	指数值		位次	
	当年	上年	当年	上年
创新环境	6.84	18.55	20	20
人均GDP	0.00	0.00	21	21
省部级及以上创新平台数量	3.51	1.23	11	13
省级及以上高新区（经开区）数量	24.14	24.14	15	15
有效高新技术企业数量	0.52	0.59	17	17
创新投入	0.87	12.25	21	21
全社会R&D经费支出	0.30	0.32	19	19
全社会R&D经费支出占GDP比重	2.85	2.56	18	20
R&D人员折合全时当量	0.17	0.24	19	19
万人研究人员数	0.00	0.00	21	21
创新产出	9.05	34.51	19	9
规上工业高新技术产业营业收入占比	30.57	22.86	13	18
万人有效发明专利拥有量	0.71	0.85	19	18
万人技术合同成交额	2.22	1.72	9	9
省级及以上科学技术奖项系数	0.00	44.79	19	5

（二）对策建议

巴中作为川东北渝东北一体化发展重要组成部分，正大力发展以文旅康养为首位产业和以生物医药、食品饮料、新能源新材料为重点的"1+3"主导产业集群，但现阶段区域创新发展水平相对较低。建议坚持创新驱动，突出工业主导地位，补齐高质量发展短板。

一是以科技创新赋能旅游业发展，推动北斗、大数据、云计算、物联网、虚拟现实等新技术在旅游领域的应用普及，提升景区管理智慧化程度，开发数字文旅产品，增强旅游产品的体验性和互动性。

二是围绕南江黄羊、醇香白酒、恩阳芦笋、通江银耳、富硒茶等特色产品，建成一批农业科技创新平台，培育一批药饮功能性饮料、富硒干货生产、特色农产品精深加工、预制菜生产等项目。

三是鼓励企业加大研发投入，形成自身研发成果和自主知识产权，增强企业获取、应用、扩散科技成果的能力和科技创新水平，培育和壮大一批竞争力强的高新技术企业。

二十一、甘孜

（一）发展现状

甘孜创新发展指数为 3.68，居全省末位。二级指数中，创新环境指数和创新产出指数均排名全省第 21 位，与上年持平；创新投入指数较上年上升 1 个位次至全省第 19 位（图 4–21）。

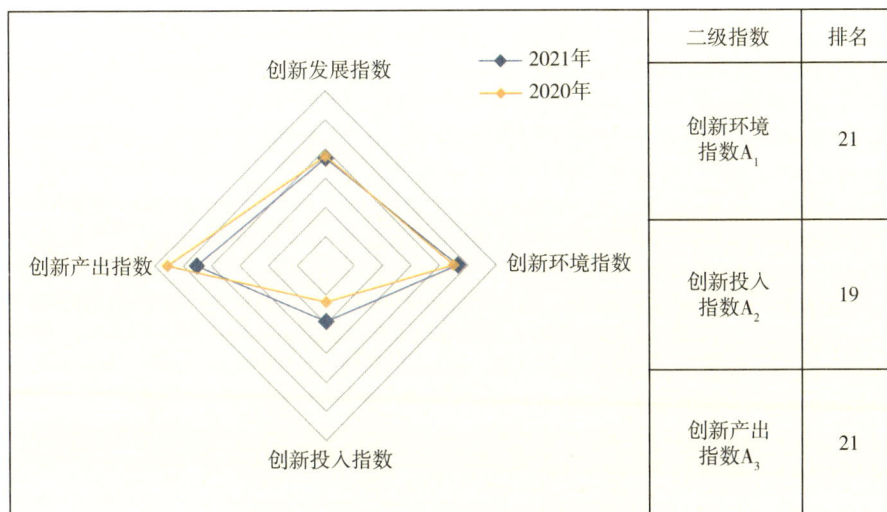

二级指数	排名
创新环境指数A_1	21
创新投入指数A_2	19
创新产出指数A_3	21

图 4-21　2021 年甘孜创新指数情况

　　12 项具体指标中，"省部级及以上创新平台数量"（2个）等7 项指标排名全省末位，其余指标位次也基本处于全省下游区段。因人口基数较小等原因，甘孜"省级及以上科学技术奖项系数"（13.74项当量/万人）、"万人研究人员数"（4.18 人/万人）、"人均GDP"（40 347 元）3 项指标表现较好，分别居第 7、第 17 和第 18位，其中"省级及以上科学技术奖项系数"较上年提升了 2 个位次（表 4-21）。

表4-21　甘孜2021年各级指数、位次及与上年比较情况

指标名称	指数值		位次	
	当年	上年	当年	上年
创新环境	**4.64**	**4.49**	**21**	**21**
人均GDP	19.13	18.52	18	18
省部级及以上创新平台数量	0.00	0.00	21	21
省级及以上高新区（经开区）数量	0.00	0.00	21	21
有效高新技术企业数量	0.00	0.00	21	21
创新投入	**1.92**	**1.26**	**19**	**20**
全社会R&D经费支出	0.00	0.00	21	21
全社会R&D经费支出占GDP比重	0.00	0.00	21	21
R&D人员折合全时当量	0.06	0.01	20	20
万人研究人员数	7.21	4.73	17	17
创新产出	**4.53**	**5.57**	**21**	**21**
规上工业高新技术产业营业收入占比	0.00	0.00	21	21
万人有效发明专利拥有量	0.00	0.00	21	21
万人技术合同成交额	0.07	0.08	19	19
省级及以上科学技术奖项系数	18.62	22.91	7	9

（二）对策建议

甘孜立足川西北生态示范区功能定位，充分利用资源优势布局规划了以雅砻江中游为中心建设水电、光伏、抽蓄为主的中部基地等五大区域清洁能源基地，建成了高海拔宇宙线观测站，但仍面临

着创新投入不够、创新能力不强、创新产出不足等问题,建议持续立足本地特色做好新质生产力培育工作。

一是争取各级各类支持,不断以科技创新提升生态环境治理水平。加大相关创新主体招引培育,鼓励其运用数据分析、图像识别、行为分析、风险评估等数字技术,实现对生态环境监管对象实时监控、全过程监管,有效提升生态环境监测感知、预警预报、风险防范和应急处置等能力,不断提升生态环境治理现代化水平。

二是以科技创新赋能农牧业发展。加大科技创新投入,支持无人机、智慧传感、大数据、云计算、物联网技术在智慧种植、动物健康监测、饲料管理、环境监测和数据分析等领域应用,推动智慧农场、牧场向品牌化、电商化、信息化发展。

第五章

市州创新发展典型经验

一、成都

构建畅通高效的科技创新—成果转化—产业发展链条，

加速培育新质生产力

成都持续深化落实新发展理念和创新驱动发展战略，加速构建科技创新—成果转化—产业发展链条，将科技创新成果切实转化为新质生产力，以科技创新赋能城市高质量发展。一是着力提升科技创新策源能力，打出"扩大创新投入+集聚创新资源+完善创新生态"组合拳，实现中国环流器二号 M（HL–2M）装置建成并首次放电、世界首个氮化镓量子光源芯片成功研制、世界首台"聚合物燃烧过程实时在线分析仪器与系统"成功研发等系列重大科技突破。二是深入推进科技成果转化工作，出台《成都市推进科技创新和科技成果转化同时发力的实施方案》等政策文件，健全成果转化工作机制；规划建设综合性科技创新成果转化聚集区成都科创生态岛等，优化成果转化服务生态；鼓励实施职务科技成果改革，释放高校院所转化动能；通过鼓励企业联合高校院所"揭榜挂帅"重点科技项目、建设中试平台等措施提高企业科技成果转化承接能力，多措并举打通科技成果—产业发展最后一公里。

二、绵阳

高水平建设中国（绵阳）科技城，着力推进具有
全国影响力的科技创新先行示范区建设

为更好培育发展新动能、塑造发展新优势，绵阳始终坚持科技立市、创新强市，全面提升绵阳科技城创新能级。一是持续优化创新体系建设。加速推进"云上两城"建设，持续推进云上两城扩容，吸引集聚创新资源；组建涪江实验室，推动重点领域实验室优化重组，持续完善实验室体系建设；打造研发设计、检验检测等科技服务平台，着力推动布局合理、结构优化的科技创新体系形成。二是着力健全科技创新链条。出台《关于进一步支持科技创新十条政策（试行）》等文件，通过提高资金支持额度、稳定性，研发团队自主决策权等强化基础研究；瞄准新型显示、智能装备等领域，通过强化产学研合作等方式推进关键共性技术攻关；通过加快中试平台建设，培养集聚技术经纪人等促进科技成果中试熟化。三是加大创新主体培育力度。大力度"招院引所"，吸引国内外知名高校院所，强化本地院所培育力度，目前绵阳已集聚中国工程物理研究院、四川燃气涡轮研究院等多个大院大所；通过实施国家级高新技术企业倍增计划、科技企业"雁阵培育"行动等强化创新型企业梯度培养，进一步凸显企业创新主体地位，目前绵阳集聚中久大光等高新技术企业 500 余家。

三、攀枝花

以科技创新支撑特色优势产业做大做强

为进一步做大做强以钒钛为主导的先进材料产业，培育产业竞争新优势，近年来攀枝花依托攀西国家战略资源创新开发试验区建设，着力强化技术创新，加速推进"世界级钒钛基地"建设。一是精确赛道选择，发挥攀枝花钒产业领域综合优势，明确发展重点落脚于钒铝合金等含钒制品、钒酸盐等钒精细化工等细分领域。二是有的放矢强化科技支撑，立足细分赛道，发挥攀钢研究院科研优势，支持行业龙头攀钢集团创建国家级创新平台；加强与成飞集团等军工企业及中国科学院、清华大学、四川大学等高校院所的技术合作，打造钒钛技术创新联合体；持续布局一批重点实验室、质检中心、企业技术中心，完善科技创新体系建设。三是多措并举推动技术优势切实转化为产业发展新动能，加速推进国家技术转移西南中心攀西分中心、钒钛技术交易中心等平台建设，持续完善成果转化人才激励机制，释放人才引领活力。

四、自贡

打造"新兴产业集群"，推进产业创新发展

自贡以建成具有国内影响力的新能源、新材料、无人机及通航等产业集群为主要目标，加快建设川南渝西战略性新兴产业聚集区。

改造升级传统优势产业，大力支持中昊晨光、东方锅炉等优势企业数字化、智能化、低碳化、清洁化改造，促进能源化工、装备制造、食品饮料、材料工业等传统优势产业推陈出新，集群成链。培育壮大新兴产业，依托自身丰富的盐资源、氯碱化工产业基础等优势，围绕"盐—氯碱化工—氟材料—新材料及其制品"产业链，发展以钠电池全产业链为特色的新能源产业和以先进氟材料为龙头的绿色化工产业，现正大力推进建设川南新材料化工园区建设。自贡前瞻布局未来产业，以自身资源潜力为切入口，紧盯国家战略和产业发展趋势，积极布局人工智能、医药健康、航空货运等产业，加速形成优势产业生态圈，为科技创新提供坚实基础和良好环境。

五、雅安

双向发力，推动科技创新和成果转化工作高质量发展

雅安结合自身资源禀赋和产业基础，把握高端化、智能化、绿色化方向，全力构建创新型产业发展体系。强化创新主体培育，持续完善科技型中小企业、高新技术企业、瞪羚企业梯度培育体系，开展规上高企化、高企规模化专项行动和高企倍增、科小"铺天盖地"行动，深化企业创新激励机制，落实研发投入补助、企业研发费加计扣除等补助政策。深化市校合作，推进与四川农业大学共建雅安市国家级现代农业产业科技创新中心，聚焦茶叶、花椒、冷水鱼、畜禽等雅安特色优势农业产业开展关键核心技术攻关，同时承担成果转化和产业孵化功能。完善科技成果转移转化机制，依托国家技

术转移西南中心雅安分中心等技术服务机构，构建市本级＋县区、园区工作站＋科技服务机构、高校＋企业的"1＋N"技术转移转化服务体系，通过线上线下一体化服务，实现技术供需快速对接匹配，提高科技成果转移转化效率。

六、宜宾

科技创新和成果转化助推新质生产力加快形成

宜宾立足自身优势，加快构建"4＋4＋4"[①] 现代化产业体系，坚持在推进科技创新和科技成果转化上同时发力，助推新质生产力形成。立项开展宜宾市科技创新体系优化提升路径专题研究，统筹布局全市科技资源，构建"双核引领、两区并进、多点开花"的全域创新空间格局。以欧阳明高院士、邓中翰院士为代表的院士工作站为抓手，聚焦动力电池、智能终端等重点产业，联合龙头企业开展重难点技术攻关，同时致力于产教融合，促进科研成果转化应用。持续推动科技成果转移转化示范区建设，三江新区建设的"全省首批省级科技成果转移转化示范区"创新科技项目管理方式，实施"揭榜挂帅""首席专家"等科技计划项目，推行产教融合科技特派员制度，促进科技供需精准嫁接，期满考核排名省级示范区第一位。

[①] 优质白酒、动力电池、晶硅光伏、数字经济四大主导产业，和机械制造、轻工纺织、能源化工、建筑材料四大传统产业，以及新型储能、数字能源、智能网联新能源汽车、通用人工智能辅助产业四大未来产业。

七、乐山

"优布局育主体强转化"，多管齐下加快创建创新型城市

乐山紧扣"一中心两基地三区块"[①]布局，推动创新发展。高质量推进科技创新平台建设，聚焦特色优势产业，引入中山大学、浙江大学等优质创新资源建强西部硅材料光伏新能源产业技术研究院，支持中国核动力研究设计院在乐山建设同位素及药物国家工程研究中心中试基地。加强高新技术企业培育，推动政策、项目、资金、人才等创新资源向科技型企业集聚，积极兑现"科技创新十条政策"资金 600 万余元，引导各类主体加大创新投入。探索提升科技成果转移转化率新路径，以科技保险助力科技成果"先用后转"落地模式，调动集聚优质创新资源，解决本地创新资源短缺问题，同时降低企业在科技成果应用初期的风险和成本，激发企业创新活力与动力。

八、眉山

锚定新赛道，加快打造成渝地区新能源新材料制造基地

眉山围绕科技创新助力制造强市，加快布局新能源新材料产业，通过引聚中创新航科技股份有限公司等锂电企业、四川华赐科技有

---

① 一中心：建设成渝重要区域创新中心；两基地：建设四川高新技术产业带创新基地、"中国绿色硅谷"创新基地；三区块：建设具有乐山特色的现代农业园区创新区块、民用核技术产业创新区块、世界重要旅游目的地创新区块。

限公司等新材料企业，深入推进新型工业化，加快形成新质生产力。眉山加快融入成渝地区双城经济圈和成都都市圈建设，纵深推进眉山"进城入圈"，依托天府大道科创走廊，落地建设四川省跨高校院所新型中试研发平台光学中试基地等创新平台，共建共享天府新区（成眉）人才协同服务中心等创新服务机构，组建都市圈招商联盟强化产业链招商引智。目前已初步形成以通威太阳能、天奈科技等为代表的先进制造业集群，以腾讯音乐潮玩基地、乐高乐园等为代表的现代服务业集群，以海康威视、浪潮集团等为代表的数字经济产业集群。

九、凉山

抢抓生物经济发展机遇，力推生物医药产业"创新"突围

凉山拥有 6000 多种生物资源，其中药用植物有 2448 种，药用动物有 91 种，被誉为"生物基因库""川西南中草药宝库"。凉山以其得天独厚的资源优势，大力培育壮大生物医药产业，推动生物医药产业实现创新突围，打造凉山高质量发展新引擎。一是大力支持中医药产业发展，依托林药林化原料林基地及各中药材产区的初加工企业，以好医生攀西药业有限责任公司等为龙头，采用现代技术，提高中药提取物标准化、规模化生产水平，发展中药饮片、含片、中成药等中药材精深加工业，同时，开发营养均衡、养生保健、食药同源的中药保健品、中药配方药膳等中医药特色产品。二是打造生物医药企业聚集发展区"成凉工业园区"，聚集新鑫中药、华润三九医药等优质企业，形成集药材种植养殖、医药生产、医药商贸物流、康养医养于一体的生物医药产业集群，推动凉山生物医药行业形成上下游协调、高质量发展局势。

第三部分
主要结论

第六章
总结与建议

一、取得成效

（一）全省创新发展水平整体提升，创新环境、创新投入表现亮眼

2021 年，全省科技创新情况整体趋好，21 个市州创新发展指数均值为 19.96，高于上年水平。其中，创新环境指数均值由上年的 21.78 上升至 22.42，成都超算中心纳入国家超算体系，天府兴隆湖实验室、天府永兴实验室挂牌运行，国家川藏铁路技术创新中心、国家野外科学观测研究站等 17 个国家级创新平台获批建设；新增省级重点实验室 7 个、工程技术研究中心 74 个、双创示范基地 15 个、科技企业孵化器 11 家、众创空间 26 家；国家和省级技术转移示范机构达到 83 家。创新投入指数均值由上年的 14.76 上升至 15.27，"研究与试验发展（R&D）经费"增长明显，达 1214.5 亿元，同比增速达 15.1%；"研究与试验发展（R&D）经费投入强度"2.26%，较上年提高了 0.09 个百分点。

（二）成都等 4 市创新水平持续稳中向好，阿坝等 2 个市州创新水平进步明显

成都、绵阳、攀枝花、德阳等 4 市继续占据全省创新发展指数前 4 席位，领先地位稳固，领先优势明显。其中，成都以 88.04 位居榜首，12 项具体指标中，除"省部级及以上创新平台数量"与上年持平外，其余各项指标均呈正增长；绵阳和攀枝花分别位居第 2 和第 3 位，12 项具体指标中均有 8 项呈正增长；德阳位居第 4 位，除"省级及以上科学技术奖项系数"略微下降，其余各项指标均呈正增长。阿坝、自贡分别较上年进步了 4 个和 2 个位次，分别居全省第 10 和第 5 位，12 项具体指标中均有 11 项呈现正增长。

（三）科技创新成就频现，赋能经济高质量发展日益凸显

2021 年，我省取得系列重大科技创新进展，自主研发设计、自主制造的世界首台高温超导高速磁浮工程化样车及世界首条高温超导高速磁浮真车试验线在四川启用；电磁驱动聚变、跨尺度矢量光场时空调控验证等大科学装置纳入国家"十四五"规划；国家重大新药专项成果转化示范基地累计落地项目 170 个，国内第一个糖尿病原创 I 类新药（西格列他钠）成功上市。科技创新带动了经济社会发展，2021 年，我省新增瞪羚企业 52 家、入库科技型中小企业 1.5 万家，高新技术企业首次突破 10 000 家大关，技术合同成交额达到 1396 亿元，同比增长 11.8%；高新技术产业实现营收 2.4 万亿元，同比增长 19.4%，科技服务业实现营业收入 3200 亿元，同比增长 10.4%。全国首个生物治疗转化医学国家重大科技基础设施在成

都启动；绵阳、德阳获批国家创新型城市。成都、绵阳、泸州、内江、乐山等 5 家国家高新区排名升位。

（四）创新资源互联互通进一步加强，区域协同创新水平全面提升

成渝签署"5+1"合作协议，以"一城多园"模式合作共建西部科学城，加强双核创新联动推进共建具有全国影响力科技创新中心。重庆两江新区、四川天府新区签订了自贸区建设战略合作协议，全面深化在对外通道、开放平台等领域合作，且携手建立汽车、电子信息等八大产业旗舰联盟，着力打造世界级产业集群。川渝高竹新区、成都东部新区共同探索经济区与行政区适度分离改革。广安市、渝北区共建川渝高竹新区，探索"存量由原行政辖区各自分享、增量五五分成"分配方式。成都东部新区与自贡高新区聚焦智能制造、先进材料等主导产业方向，与简阳协同推进成资临空经济产业带建设。广安、渝北两地通过出台跨省域人才政策、搭建跨省域协同平台等一系列举措，推进高竹新区积极打造渝北广安人才一体化发展先行区。宜宾三江新区的大学城推动"产业＋人才"的良性互动体系逐渐成形。南充临江新区构建川渝（南充）人力资源服务产业园，通过优秀人力资源服务机构招引人才。川南经济区宜宾—泸州区域科创中心、川东北经济区达州—南充区域科创中心、攀西经济区攀西战略资源创新开发试验区建设稳步进行。

二、当前不足

（一）基础研究有待加强

"十三五"期间，我省基础研究经费投入年均增速仅为13.27%，比全国年均增速低 3.9 个百分点；2021 年我省基础研究经费投入比重为 4.79%，低于全国平均水平 1.71 个百分点，基础研究经费的增速及比重均处于全国中下游水平。

（二）创新发展不平衡问题仍然突出

2021 年成都以 88.04 高居全省各市州创新发展指数榜首，是最后一名甘孜（3.68）的 20 余倍，相差悬殊，且 21 个市州中有 15 个市州处于平均水平以下，占比超 7 成，大部分市州科技创新底子薄、人才少、创新主体小散弱的情况没有得到有效改变，全省科技创新发展不平衡不充分难题未得到根本性解决。

（三）高校院所成果转化还不活跃

以成都为例，成都聚集了四川大学、电子科技大学等 56 所高校，但 2021 年成都市高校技术输出成交额仅为 23.88 亿元，占全市比重不到 5%，大量创新成果有待进一步发掘转化。此外，我省中试平台、概念验证中心等成果转化服务专业机构数不足，职业技术经纪人等专业人才量质也待提升，大量科技成果"束之高阁"或"墙外开花"。

三、对策建议

（一）以高强度高水平科研投入加快打造西部地区创新高地，更好服务国家高水平科技自立自强

1. 加大基础研究投入力度

建立多元基础研究投入机制，引导各类创新主体加强基础研究投入，健全以政府为主导且长期稳定的基础研究原始创新投入体制机制，提高财政基础研究经费投入力度；支持高校重点聚焦国家、省一流学科与支撑四川产业发展的相关基础学科建设，提升基础学科科研水平；支持企业参与制定全省基础研究创新计划，参与重大基础研究课题。探索建立鼓励高校院所和企业多元投资、联合开发、成果共享的新型研发合作机制，充分发挥企业敏锐的市场创新洞察力优势、高校院所仪器设备和创新资源积累等方面优势，通过设立基础研究专项支持计划、制定相关优惠政策，激发各方积极性，开展具有重大引领作用的跨学科、大协同的创新攻关，解决行业关键技术问题。

2. 提升重大创新平台建设质效

高水平建设运营电磁驱动聚变大科学装置、跨尺度矢量光场时空调控验证装置等重大科技基础设施，持续推动成渝（兴隆湖）综合性科学中心、西部（成都）科学城集聚高端创新资源，围绕清洁能源、先进制造等关键技术领域加快组建第二批天府实验室。积极争创网络安全、清洁能源等领域国家技术创新中心，加快布局一批

省级技术（产业）创新中心，依托在川创新平台在航空航天、高端材料、核技术应用、绿色低碳等领域加快实施一批重大关键技术攻关，积极探索并实践核心技术攻关新型举国体制四川路径。

3.发挥科教资源和人才优势

跨市域范围制定专项资金政策，逐步完善院所机构科研设施仪器等硬件设施条件，鼓励在川科研机构、高校与产业界深化合作，共建共享关键科研平台、共研共用科技成果，并持续实施一批重大科技专项，提高产学研用基础研究能力。以高层次创新人才培养为核心目标，建立健全人才引培体系，制定优惠政策吸引顶尖科学家，给予稳定的专项经费支持，吸引重点前沿领域科研项目在川落地；以高校优化培养方案、市场提供实践机会、政府提供培育基金等方式进一步加强本地人才培养，为我省创新策源地及战略科技力量建设提供源源不断的人才支持。

4.提高科技创新国际化水平

营造开放共享的科技创新生态，以跨市域、成渝联动等形式组建国际科技创新交流平台，联合科技企业、科研院所共同组队走出国门，积极参与国际科技交流合作，引进先进技术与管理经验，推介"四川造"科技成果等。通过国际科技交流，充分利用各国科技创新资源优势，深化与国外创新机构的合作关系，共同开展一批技术研发、技术转移和人才培养等项目，增强我省重点产业技术创新能力，进一步拓展国际市场，提升"一带一路"科技创新合作区和国际技术转移中心影响力。

（二）以"一干多支、五区协同"格局增强"五区共兴"科技创新驱动力，更快推动区域创新均衡发展

1. 做强成都平原经济区创新发展"引擎效应"

强化成都"主干"作用，依托天府实验室、国家川藏铁路技术创新中心等高能级创新平台，加快打造世界级高新技术产业集群，建设全国重要的先进制造业基地，形成以成都为中心具有国际竞争力的全省现代产业体系和产业生态圈。发挥绵阳"引领"作用，高水平建设绵阳科技城，发挥大院大所云集优势，强化战略性、前沿性和颠覆性技术创新，进一步巩固核科学技术、空气动力技术、航空动力技术等领域优势地位，推动军民融合纵深发展，打造国防军工科研生产重要基地。加快推进成德眉资同城化发展，加强城市间战略合作，推动建立跨区域城市间产业协作配套机制，科学引导产业转移，建设都市圈卫星城市及功能协作基地，促进成都平原经济区内圈同城化、全域一体化。

2. 提升川南和攀西经济区科技创新承载能力

以自贡、宜宾为核心带动川南经济区创新水平整体提升。立足自贡工业基础推进制造业智转数改转型，引导产业智能化绿色化转型；持续推进西部科学城自贡科创园、川南渝西科技成果转化中试基地等创新承载区建设，加速聚集创新资源、汇聚创新资本。支持宜宾持续锚定"一蓝一绿"赛道发力，推动宜宾深度融入中国西部科学城建设，强化科技创新支撑，推进优质白酒、动力电池、数字经济等产业集群壮大，装备制造、能源化工等传统产业升级，以及新型储能、智能网联新能源汽车等未来产业前瞻布局。以攀枝花为

核心带动攀西经济区创新水平整体提升。鼓励攀钢集团创建国家钒钛新材料产业创新中心，带动国家级钒钛重点实验室、孵化器、质检中心等创新资源布局完善，围绕攀钢、龙蟒等龙头企业需求推动上下游企业"卡点入链"，实现产业链补链延链。

3. 缩小川东北、川西北与省内其他区域创新发展差距

以南充为关键区域节点引领川东北经济区创新发展追赶行动。通过加速完善高新技术企业培育服务管理体系，支持西南石油大学、南充市农业科学院等高校院所布局高能级创新平台，健全高水平科学家来南充合作交流联系服务机制等举措提升南充创新水平。以阿坝为关键区域节点引领川西北经济区创新发展追赶行动。充分发挥其独特自然环境优势，深化与四川农业大学、成都中医药大学等高校院所、科研机构合作，因地制宜发展高原特色农业、中医药产业；深化城市产业合作，吸引一批农牧业、清洁能源领域创新平台机构来阿坝设立分中心。

（三）以协同创新赋能成渝地区双城经济圈建设向纵深推进，持续拓展省内外联动创新发展新格局

1. 补齐成渝地区科技创新协同发展短板

不断完善川渝协同创新机制，持续落实"1+6"科技创新合作协议，加强统筹协调，促进优势互补。鼓励成渝地区双城经济圈技术转移联盟充分发挥职能作用，在轨道交通、先进制造、航空航天、现代农业等成渝地区科技创新优势领域牵线搭桥，加快补齐两地在关键核心技术攻关、创新平台建设、成果转化应用等方面的短板。支持两地共建重大科创平台、实施重大合作项目，联合举办"一带

一路"科技交流大会,组团开展对外交流,共同争取一批国家科技创新平台布局川渝,重大项目落地川渝,助推成渝地区双城经济圈产业集群协同发展,加快建设具有全国影响力的科技创新中心。通过联合发布成渝企业技术需求、互通成渝科技成果资源信息等形式提升重点产业领域技术交易规模,增强成渝地区双城经济圈在多产业领域协同创新能力,推动形成更多标志性成果并就地转化。

2. 强化与省外重点区域的联动创新

积极与北京、上海、深圳、武汉等省外强市建立跨区域合作机制,构建多市州联合工作机制,深入当地高校院所、科研机构、龙头企业"找矿挖宝""招商引智";以引进高端人才、创新企业、优质项目,联合建立实验室、研发中心共同开展科研攻关等方式推动省内外科技创新互联互通与科技成果转化。具体的,在高端制造、人工智能、现代服务业等领域,加强与北京、上海、广州、江苏等地创新合作,打造优势产业集群;在现代农业、中医药等领域,加强与重庆、海南、新疆、西藏、贵州、云南等地区域互动,提升技术转移转化活跃度,赋能传统产业"焕新"升级;另外,在新能源、先进装备、现代交通、智能终端等领域,加强与"一带一路"国家技术交流及转移转化,鼓励我省高校院所及科技型企业积极对接东盟、中亚、中东欧等国技术需求和创新成果,推动更多创新成果走出国门,引进更多先进技术,助推经济社会高质量发展。

（四）以校企产学研创新链条为纽带加速科技成果落地转化，因地制宜加快形成新质生产力

1. 持续强化企业创新主体地位

深入实施创新型企业培育"三强计划"，建立完善"创新型领军企业＋高新技术企业＋科技型中小企业"的创新型企业集群梯次培育发展体系，壮大全省创新型企业群体。完善企业科技创新服务体系，推动《四川省进一步支持企业发挥创新主体作用的若干政策》等落地实施，"真金白银"支持企业加大研发投入、建立研发机构，提升技术创新能力。优化"企业出题、政府立题、联合破题"的协同创新模式，鼓励企业深度参与甚至主导以产业需求为导向的研究项目攻关，推动科技人才、资金等创新要素向企业集聚，进一步提高科技成果转化效率。

2. 释放高校院所科技成果转化潜能

定期赴在川高校院所及高能级研发平台开展对接活动，了解其科研及成果转化情况，发挥科技委员会统筹作用及时协调解决有关问题。支持在川相关学科研发团队组建创新联合体，围绕我省各产业链薄弱缺失环节开展定向研发，集群式突破一批关键核心技术。引导高校建设技术转移学院，开设成果转化相关课程。支持能力水平高、业绩贡献突出的技术经纪人申报相关人才计划，探索技术转移人才地区之间"互认制"。推进高校知识经济圈建设，常态化开展科技成果转化对接活动，引导本地企业积极对接，提高在川高校科技成果本地转化率。

3. 畅通科技成果转移转化通道

加强科技成果知识产权保护，推动《四川省知识产权保护和促进条例》出台落地，织密知识产权保护网，强化创新效益保护，从源头打通转化堵点。深化职务科技成果改革和人才评价改革，以科技成果转移转化为导向，加速推动职务科技成果单列管理制度的建立和推广，细化成果转化型科研人才的评价标准，结合职称评审、岗位晋升、科研经费支持等激励方式强化评价结果应用，破解不敢转、不想转难题。布局建设一批市场化、规模化运营的概念验证、中试熟化平台和技术转移机构；充分发挥国家技术转移西南中心、全国先进技术成果西部转化中心功能，提升成果供需对接精准度，加快打造面向全省、辐射西南地区的统一开放的技术交易市场，完善科技成果转化服务体系，破解不便转难题。

4. 推动科技成果在川转化

深入实施"聚源兴川"行动，充分发挥中央在川高校院所创新资源优势，持续收集、识别、跟踪大院大所科技成果，遴选与地方发展需求相适应的重大科技成果，常态化举办院地对接等活动，推动中央在川高校院所重大科技成果就地转化。深入开展重大科技成果引进行动，遴选对接全国范围内重大科技成果，以"先投后股"方式支持其通过在川成立项目公司实施成果转化和产业化，优化股权退出机制，明确财政资金退出路径，实现财政资金支持科技成果在川转化的长效循环。联合省内院校成果转移转化机构，推动四川省跨高校院所新型中试研发平台改造升级，深入践行"先中试、后孵化"科技成果转化新模式，为全省高校院所提供更为完善的"概念验证—中试熟化—企业孵化"全链条服务，同时吸引全国更多高校院所科技成果和人才来川落户。

5. 加快发展新质生产力

以"在科技创新和科技成果转化上同时发力"为主线，因地制宜推动科技创新，落实"四川科技下乡万里行"等帮扶行动，带动凉山、巴中、甘孜等创新水平较为落后的市州紧抓自身特色农业、清洁能源等产业优势大力推进科技创新并促进转化，推动各市州创新协调发展，拓展新质生产力发展空间。以科技创新推动产业创新，助力传统产业转型升级的同时，围绕人工智能、低空经济、量子计算以及生命科学等前沿技术和颠覆性技术催生新产业、新模式、新动能，优化产业体系结构。以成都为区域创新主干，整合绵阳、德阳等地科技创新资源，共同探索建立前沿技术、颠覆性技术发现、遴选、培育协同工作机制，汇聚行业龙头、创新平台、科研院所、高等院校、科技企业等形成研究合力，最大范围、最大限度地挖掘潜在颠覆性技术并予以突破，加速颠覆性技术落地转化，引领我省加快发展战略性新兴产业和未来产业，形成新质生产力。以高水平对外开放推动新质生产力发展，加强与其他省份和区域合作，坚持高质量引进来和高水平走出去，促进优质创新成果精准匹配地方发展需求实现落地转化，为新质生产力发展提速。